Heidemarie Brosche / Astrid Rösel
Materialien und Kopiervorlagen
zur Klassenlektüre

Heidemarie Brosche

SCHILLY-BILLY SUPERSTAR

Inhalt

13. bis 15. Kapitel

16. bis 18. Kapitel

www.hase-und-igel.de

Lektorat: Nadine Widl, Patrik Eis

Illustrationen: Birgit Busche-Brandt

Druck: Joh. Walch GmbH & Co. KG, Augsburg

ISBN 978-3-86316-480-5

„Schilly-Billy Superstar“ – Das Buch im Unterricht

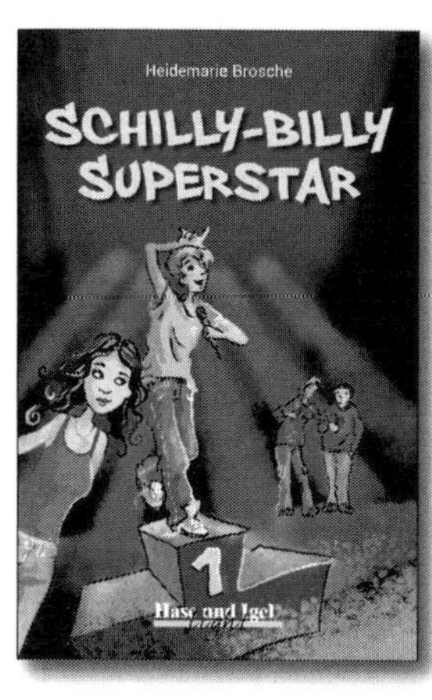

Das Buch

Der 14-jährige Billy ist wie so viele Jungen in seinem Alter: An schulischen Dingen nur mäßig interessiert und gegenüber seinen Lehrern ein wenig aufmüpfig, verbringt er seine Freizeit am liebsten mit seinen Freunden. Dann sitzen sie zum Spielen oder Chatten vor dem Computer, treffen sich im Lokal von Ömers Eltern oder schlagen anderweitig die Zeit tot. Doch insgeheim träumt Billy von etwas ganz anderem: Er möchte gern einmal etwas Besonderes sein – und von Jenny, seinem heimlichen Schwarm, bewundert werden. Diese Möglichkeit scheint ihm greifbar, als die Schülerzeitung einen Wettbewerb ausruft: Nicht die besten Sänger, Schauspieler oder Sportler werden gesucht, sondern etwas Originelles ist gefragt. Allerdings hat Billy, der sich für gänzlich untalentiert hält, zunächst überhaupt keine Idee, womit er sich bewerben könnte.

Anders sein als die anderen, etwas besser können, ein kleiner Star sein – das sind Dinge, die sich viele Jugendliche, oft auch nur insgeheim, wünschen. Castingshows wie „Deutschland sucht den Superstar“ und „Germany's Next Topmodel“ erfreuen sich daher großer Beliebtheit. Gleichzeitig spielt gerade für Teenager die Akzeptanz in der Gruppe eine überaus wichtige Rolle. Dies wiederum hindert viele Jugendliche daran, ihre besonderen Fähigkeiten und Talente zu entdecken – und erst recht, sie zur Schau zu stellen.

Doch Billy ist mutig und steht zu seinem Traum – und das, obwohl sein Interesse für den Schulwettbewerb bei seinem Freund Andrej anfangs nur Kopfschütteln verursacht. Wie sich Billy, dem zu seinem großen Leidwesen Schillers „Bürgschaft“ ständig im Kopf herumschwirrt, genau mit dieser Ballade eine Möglichkeit eröffnet, seinem Wunsch vom „Superstar“ ein Stückchen näherzukommen, ist die Geschichte dieses Buches.

Erzählt wird sie in flottem Tempo, mit viel Situationskomik und Sprachwitz. Moderne Medien und Kommunikationsformen spielen dabei eine große Rolle, ganz wie es der Lebenswelt Ihrer Schüler entspricht.

„Schilly-Billy Superstar“ bringt die jugendlichen Leser von der ersten Seite an zum Lachen und verlockt damit auch Schülerinnen und Schüler zum (Weiter-)Lesen, die sonst kaum Bücher in die Hand nehmen. Daneben bietet die Geschichte aber auch jede Menge Spannung – und eben eine gehörige Portion Schiller. So kann ganz nebenbei auch noch die Lust auf diese und andere Balladen geweckt werden.

Die Lektüre liegt in zwei Varianten der Reihe *light* vor: Die Standardausgabe zeichnet sich durch kurze, prägnante Sätze, eine relativ große Schrift und Zeilenumbrüche aus, die weitgehend auf Trennungen verzichten. Die gekürzte Variante baut die Lesehürden durch Fibelschrift und sprachliche Vereinfachungen noch einmal deutlich ab. Beide Ausgaben sind parallel innerhalb einer Lerngruppe einsetzbar, da die Inhalte pro Buchseite erhalten bleiben. So können auch leseschwächere Schüler ab der 5. Klasse die Lektüre gut bewältigen.

Zum Schluss noch ein Wort in eigener Sache: Da ich neben meiner Tätigkeit als Autorin viele Jahre als Hauptschullehrerin gearbeitet habe, weiß ich um die Problematik der Leseunlust. Genau dies war der Auslöser für mich, ein Buch zu schreiben, das eben kein „Problembuch“ ist. In zahlreichen Gesprächen mit meinen Schülern und Schülerinnen hat sich immer wieder gezeigt: Probleme haben sie selbst genug. Wenn sie lesen, wollen sie unterhalten werden – und nicht ständig das Gefühl haben, eine „schulische Pflichtlektüre“ bewältigen zu müssen.

Daher meine Bitte an Sie, liebe Kolleginnen und Kollegen: Verzichten Sie lieber auf die eine oder andere Übung, als die gerade aufkeimende Lesefreude gleich wieder zu ersticken!

Das Material

Dieses Material gliedert sich in sechs Abschnitte. Jeder Abschnitt enthält zunächst einen erläuternden Lehrerteil und daran anschließend die jeweiligen Kopiervorlagen. Im Lehrerteil finden Sie neben einer kurzen Inhaltszusammenfassung zu jedem Kapitel eine Auflistung der thematischen Schwerpunkte, zahlreiche Anregungen für Gesprächs- und Schreibanlässe sowie Ideen für kreatives Arbeiten. Erläuterungen und Lösungen zu den Kopiervorlagen runden den Lehrerteil ab.

Das Begleitmaterial ist abwechslungsreich gestaltet: Neben der inhaltlichen Arbeit am Text kommen auch sprachliche Übungen nicht zu kurz. Unterschiedliche Aufgabenarten und wechselnde Sozialformen sorgen für einen kurzweiligen Unterricht. Auch hier liegt die Betonung auf dem Erhalt der Lesefreude.

Wo eng am Text gearbeitet wird, sind die Arbeitsblätter entweder für beide Lektürefassungen geeignet oder Sie finden auf der Website des Verlags angepasste Kopiervorlagen. Diese Blätter für Schüler, die die gekürzte Variante lesen (KV Seite 22, 33, 48 und 50), stehen unter *www.hase-und-igel.de* zum kostenlosen Download bereit („480-5“ ins Suchfeld eingeben und dem Link folgen).

Damit Sie und Ihre Schüler auf einen Blick erkennen, welcher Schwerpunkt auf der jeweiligen Kopiervorlage gesetzt wird, findet sich oben rechts auf jeder Seite eines dieser Symbole:

Zur Lektüre

Umgang mit Sprache

Literaturwissen

Rund ums Rampenlicht

Die Aufgaben auf den Kopiervorlagen sind so gekennzeichnet:

 Für alle Schüler

 Für schnellere oder leistungsstärkere Schüler

Viel Spaß beim Lesen und Arbeiten mit Buch und Begleitmaterial wünscht Ihnen und Ihrer Klasse

Ihre Heidemarie Brosche

PS: Ich würde mich freuen, von Ihren Erfahrungen mit „Schilly-Billy Superstar“ zu hören. Schreiben Sie mir doch einfach eine Mail an *email@h-brosche.de*. Vielen Dank!

1. bis 3. Kapitel

Inhalt

1. Kapitel
Nachdem Billy zum wiederholten Male sein Handy in der Schulpause benutzt hat, wird es ihm von seiner strengen Lehrerin, Frau Knapp, abgenommen. Ohne Handy fühlt er sich „amputiert", sodass ihn der Handyentzug vor große Probleme stellt. Auslöser des Vorfalls war eine sonderbare Nachricht seines Vaters, auf die sich Billy keinen rechten Reim machen kann. Da Ömer seinem Freund Billy beim Lesen der Nachricht über die Schulter geschaut hat und ein Kuss-Symbol auf dem Display entdeckt hat, glaubt er nun, dass Billy eine Freundin hat.

2. Kapitel
Der Ärger geht weiter: Billy wird nun auch noch ins Rektorat gerufen und muss sich dort von Rektor Eiche eine gehörige Standpauke anhören. Ein von Billy zitierter Schiller-Vers aus der „Bürgschaft" wird zudem als erneute Provokation empfunden, sodass sein Handy für ganze zwei Wochen in der Schule verwahrt bleiben soll. Billy ist am Boden zerstört. Einzig eine Durchsage der Schülerzeitungsredaktion kann ihn aus seinen trüben Gedanken holen: Ein Talentwettbewerb der Schule wird angekündigt.

3. Kapitel
Als Billy, wegen des Handyentzugs noch immer frustriert, nach Hause kommt, erwartet ihn dort nur ein Zettel der Mutter mit der Bitte, sich den Blumenkohl selbst warm zu machen. Billy macht sich auf den Weg zu seinem Freund Ömer, in der Hoffnung, im Lokal von dessen Eltern etwas Besseres zu bekommen. Weil Ömer nicht da ist, geht Billy weiter zu Andrej, einem anderen Freund. Dort trifft er überraschend auf Jenny, für die er heimlich schwärmt. Andrejs Schwester ist mit ihr befreundet, weshalb Billy sogleich bedauert, selbst keine Schwester zu haben. Als Billy im Beisein von Andrej die Homepage der Schülerzeitung aufruft, um sich über den Wettbewerb zu informieren, erntet er von seinem Freund nur Unverständnis.

Thematische Schwerpunkte

- Erwartungshaltung vor dem Lesen
- Literaturwissen: Ballade
- Im Fokus: Castingshows
- Umgang mit Sprache: Sprichwörter

Gesprächs- und Schreibanlässe

Vor der Lektüre
Ergänzend oder alternativ zur Kopiervorlage „Eine neue Lektüre" (Seite 13) können mit den Schülern folgende Fragen besprochen werden:

- Zum Buchtitel: Was könnte „Schilly-Billy" bedeuten? Was verbindest du mit dem Begriff „Superstar"? Wer ist deiner Meinung nach ein Superstar? Warum?
- Zum Cover: Was siehst du auf dem Cover? Welche der gezeigten Figuren könnte Schilly-Billy sein?
- Zum Inhaltsverzeichnis: Schau dir das Inhaltsverzeichnis des Buches an und überlege, wie sich die Geschichte entwickeln könnte. Was erwartet dich wohl beim Lesen?
- Zum Klappentext: Was erfährst du über die Handlung und die Figuren? Macht dich der Text neugierig? Was erwartest du von der Lektüre?

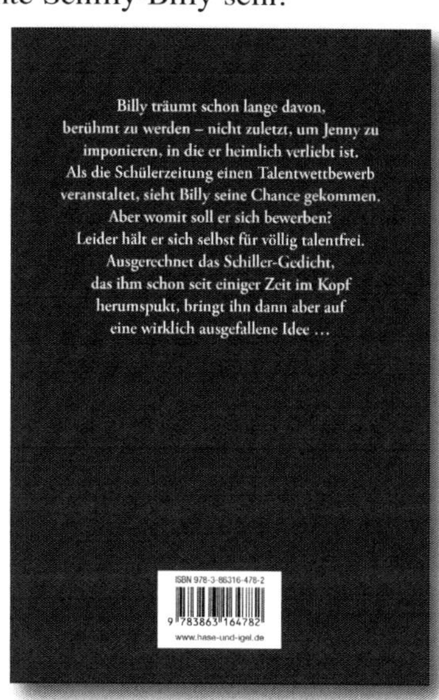
Billy träumt schon lange davon,
berühmt zu werden – nicht zuletzt, um Jenny zu
imponieren, in die er heimlich verliebt ist.
Als die Schülerzeitung einen Talentwettbewerb
veranstaltet, sieht Billy seine Chance gekommen.
Aber womit soll er sich bewerben?
Leider hält er sich selbst für völlig talentfrei.
Ausgerechnet das Schiller-Gedicht,
das ihm schon seit einiger Zeit im Kopf
herumspukt, bringt ihn dann aber auf
eine wirklich ausgefallene Idee …

ISBN 978-3-86316-478-2
9 783863 164782
www.hase-und-igel.de

Zum 1. Kapitel
Überprüfung der Textkenntnis

- Beschreibe die Hauptfigur Billy. Was hast du im 1. Kapitel über sie erfahren?
- Welche Figuren hast du noch kennengelernt? Welche Rolle werden sie vermutlich im Laufe der Geschichte spielen?
- Was ist das zentrale Thema im 1. Kapitel? Was erlebt die Hauptfigur?

Weiterführende Fragen

- Musstest du auch schon einmal dein Handy abgeben? Warum?
- In welchen Situationen würde dir das Handy besonders fehlen?
- Kannst du nachvollziehen, wie Billy sich ohne sein Handy fühlt?

Sich den Frust von der Seele schreiben
Nachdem Billy sein Handy abgeben musste, ist er genervt. Abends schreibt er sich seinen Frust von der Seele. Verfasse einen entsprechenden Tagebucheintrag.

Zum 2. Kapitel
Überprüfung der Textkenntnis
- Was bedeutet die seltsame Kapitelüberschrift?
- Warum muss Billy ins Rektorat? Wie fühlt er sich in dieser Situation? Was denkt er über seine Strafe?
- Was hat es mit der Durchsage der Schülerzeitungsredaktion auf sich? Was löst sie bei Billy aus?

Weiterführende Fragen
- Wurdest du auch schon einmal ins Rektorat gerufen? Warum? Wie hast du dich dabei gefühlt?
- Würde dich die Teilnahme an einem Talentwettbewerb bzw. Casting reizen? Warum? Welches deiner Talente würdest du gerne zeigen?

Das Casting
Du möchtest an einem Casting teilnehmen, beispielsweise für eine Kino- oder Theaterrolle. Vorab musst du eine schriftliche Bewerbung einreichen, warum du an dem Casting teilnehmen möchtest, welche Motivation du mitbringst, welche Erfahrung du in dem Bereich hast etc. Verfasse ein Bewerbungsschreiben, das die Jury überzeugt.

Zum 3. Kapitel
Überprüfung der Textkenntnis
- Was erfährst du im 3. Kapitel über Billys Umfeld, also über seine Eltern und seine Freunde?
- Wer ist Jenny? Welche Rolle wird sie vermutlich im Laufe der Handlung spielen?
- Warum schaut sich Billy die Homepage der Schülerzeitung an? Wie reagiert Andrej darauf?

Weiterführende Fragen
- Sind deine Eltern auch berufstätig? Bist du nach der Schule oft allein zu Hause? Wer kümmert sich bei dir um das Mittagessen?
- Triffst du dich nach der Schule auch oft mit deinen Freunden? Was macht ihr zusammen? Welche Hobbys habt ihr?

E-Mail für Jenny
Billy interessiert sich für den Talentwettbewerb seiner Schule. Sein Freund Andrej hat dafür kein Verständnis. Von Jenny erhofft sich Billy mehr Unterstützung. Schreibe ihr eine E-Mail, in der du Billys Beweggründe, am Wettbewerb teilnehmen zu wollen, deutlich machst.

Kreativ aktiv

Billy macht Verbotenes
Zeichnet die Szene auf dem Schulhof mit mindestens vier (Comic-)Bildern nach.

Im Rektorat
Die Szene im Rektorat lässt sich gut als Standbild darstellen. Achtet dabei besonders auf Mimik und Gestik der drei handelnden Figuren Frau Knapp, Herr Eiche und Billy. Wenn ihr möchtet, könnt ihr euer Standbild auch als Foto festhalten und mit dem anderer Gruppen oder mit der Illustration im Buch vergleichen.

Zu den Kopiervorlagen

KV Seite 13

Eine neue Lektüre
Ergänzend oder alternativ zu den Einstiegsvorschlägen von Seite 6 kann diese Kopiervorlage genutzt werden. Die Schüler verschaffen sich hiermit einen ersten Überblick über die neue Lektüre. Anhand des Titels, des Covers und des Klappentextes sollen sie erste Vermutungen zur Handlung und zur Hauptfigur äußern. Auf diese Weise werden Erwartungen geweckt, die wiederum die Lesemotivation fördern.

Lösung
Autorin: Heidemarie Brosche
Titel: Schilly-Billy Superstar
Verlag: Hase und Igel Verlag

KV Seite 14

Ein Unglück kommt selten allein

Diese Kopiervorlage dient der Textsicherung. Anhand eines Rätsels wird der Inhalt der ersten drei Kapitel spielerisch wiederholt. Das Lösungswort schlägt den Bogen zur Thematik „Ballade“.

Lösung

						↓								
1.→						**B**	I	L	L	Y				
2.→			Z	U	R	**Ü**	C	K	R	A	U	B	E	N
3.→	R	E	K	T	O	**R**								
4.→						**G**	E	D	I	C	H	T		
5.→						**S**	U	P	E	R	S	T	A	R
6.→		C	H	A	N	**C**	E							
7.→						**H**	U	N	G	E	R			
8.→					W	**A**	R	M						
9.→						**F**	L	U	C	H	T			
10.→			A	R	Z	**T**								

Lösungswort: BÜRGSCHAFT

Eine Ballade

Anhand der etwas einfacheren und daher auch für leseschwächere Schüler geeigneten Ballade „Belsazar“ von Heinrich Heine kann diese literarische Gattung thematisiert werden. Nach dem Lesen des Balladentextes kann mit der nachfolgenden Kopiervorlage zunächst eine Definition der Ballade im Unterrichtsgespräch entwickelt werden. Anschließend wird mit einem Rätsel das Textverständnis überprüft.

Lösung

Unter einer Ballade versteht man ein längeres Gedicht mit mehreren Strophen. Häufig werden dabei antike oder mittelalterliche Stoffe aufgegriffen. Balladen zeichnen sich durch eine meist spannende Handlung und die Hinführung zu einem Höhepunkt am Ende aus.

	richtig	falsch
König Belsazar wohnt in einer Burg.	☐ K	☒ B
Die Knechte trinken Bier.	☐ L	☒ A
Der Kopfschmuck des Königs wurde aus dem Tempel Jehovas geraubt.	☒ B	☐ M
König Belsazar behauptet, er sei der König von Athen.	☐ P	☒ Y
Eine Flammenschrift erscheint plötzlich an der Wand.	☒ L	☐ R
Auch die Magier des Königs wissen nicht, was die Erscheinung zu bedeuten hat.	☒ O	☐ S
König Belsazar wird noch in derselben Nacht von seiner Ehefrau umgebracht.	☐ T	☒ N

Lösungswort: BABYLON

Weiterführende Idee

Wenn Sie sich mit Ihren Schülern nach dieser ersten Begegnung mit der Gattung an die etwas umfangreichere Ballade „Die Bürgschaft“ von Friedrich Schiller heranwagen möchten, finden Sie auf den Seiten 10 bis 12 den vollständigen Text sowie einen Überblick über Leben und Werk des Schriftstellers.

Vom Traum, ein Superstar zu sein

Diese Kopiervorlage greift das Thema „Castingshows“ auf. Anhand von fiktiven Meinungen sind die Schüler aufgefordert, Stellung zu beziehen. Schnellere Schüler können zusätzlich einen eigenen Gedanken formulieren. In einem anschließenden Unterrichtsgespräch kann das Pro und Kontra von TV-Formaten wie „Deutschland sucht den Superstar“ und „Germany's Next Topmodel“ diskutiert werden.

In der Not frisst der Teufel Fliegen

Ausgehend von Andrejs umformuliertem Sprichwort widmet sich diese Kopiervorlage der Sprachbetrachtung: Bekannte Sprichwörter sollen von den Schülern richtig zusammengesetzt und ihre Bedeutung im Unterrichtsgespräch geklärt werden. Schnellere Schüler können zusätzlich kreativ arbeiten, indem sie neue Sprichwörter erfinden. Auch als Hausaufgabe eignet sich diese Kreativaufgabe.

Lösung

• Kommt Zeit, kommt Rat.

Bedeutung: Wer mit Bedacht und Geduld handelt, wird letztlich eine Lösung für sein Problem finden.

• Wer andern eine Grube gräbt, fällt selbst hinein.

Bedeutung: Wer anderen mutwillig schaden will, schadet dabei meist nur sich selbst.

• Der frühe Vogel fängt den Wurm.
Bedeutung: Je zeitiger man sich um eine Sache bemüht, desto größer ist die Wahrscheinlichkeit des Gelingens.

• Es ist nicht alles Gold, was glänzt.
Bedeutung: Der äußere Schein kann trügen.

• Lügen haben kurze Beine.
Bedeutung: Lügen lohnt sich nicht, denn die Wahrheit kommt letztlich doch ans Licht.

• Der Apfel fällt nicht weit vom Stamm.
Bedeutung: Kinder geraten nach ihren Eltern.

Beispiele:

1. Kommt Zeit, kommt <u>Tat</u>.
2. Der <u>späte</u> Wurm <u>verpasst</u> den Vogel.
3. Lügen <u>machen keine Freunde</u>.

Die Bürgschaft

Friedrich Schiller

Zu Dionys[1], dem Tyrannen, schlich
Damon, den Dolch im Gewande;
Ihn schlugen die Häscher in Bande,
„Was wolltest du mit dem Dolche, sprich!“
Entgegnet ihm finster der Wüterich.
„Die Stadt vom Tyrannen befreien!“
„Das sollst du am Kreuze bereuen.“

„Ich bin“, spricht jener, „zu sterben bereit
Und bitte nicht um mein Leben,
Doch willst du Gnade mir geben,
Ich flehe dich um drei Tage Zeit,
Bis ich die Schwester dem Gatten gefreit,
Ich lasse den Freund dir als Bürgen,
Ihn magst du, entrinn ich, erwürgen.“

Da lächelt der König mit arger List
Und spricht nach kurzem Bedenken:
„Drei Tage will ich dir schenken.
Doch wisse! Wenn sie verstrichen, die Frist,
Eh du zurück mir gegeben bist,
So muss er statt deiner erblassen,
Doch dir ist die Strafe erlassen.“

Und er kommt zum Freunde: „Der König gebeut[2],
Dass ich am Kreuz mit dem Leben
Bezahle das frevelnde Streben,
Doch will er mir gönnen drei Tage Zeit,
Bis ich die Schwester dem Gatten gefreit,
So bleib du dem König zum Pfande,
Bis ich komme, zu lösen die Bande.“

Und schweigend umarmt ihn der treue Freund
Und liefert sich aus dem Tyrannen,
Der andere ziehet von dannen.
Und ehe das dritte Morgenrot scheint,
Hat er schnell mit dem Gatten die Schwester vereint,
Eilt heim mit sorgender Seele,
Damit er die Frist nicht verfehle.

Da gießt unendlicher Regen herab,
Von den Bergen stürzen die Quellen,
Und die Bäche, die Ströme schwellen.
Und er kommt ans Ufer mit wanderndem Stab,
Da reißet die Brücke der Strudel hinab,
Und donnernd sprengen die Wogen
Des Gewölbes krachenden Bogen.

Und trostlos irrt er an Ufers Rand,
Wie weit er auch spähet und blicket
Und die Stimme, die rufende, schicket,
Da stößet kein Nachen vom sichern Strand,
Der ihn setze an das gewünschte Land,
Kein Schiffer lenket die Fähre,
Und der wilde Strom wird zum Meere.

Da sinkt er ans Ufer und weint und fleht,
Die Hände zum Zeus erhoben:
„O hemme des Stromes Toben!
Es eilen die Stunden, im Mittag steht
Die Sonne, und wenn sie niedergeht
Und ich kann die Stadt nicht erreichen,
So muss der Freund mir erbleichen.“

Doch wachsend erneut sich des Stromes Wut,
Und Welle auf Welle zerrinnet,
Und Stunde an Stunde entrinnet.
Da treibt ihn die Angst, da fasst er sich Mut
Und wirft sich hinein in die brausende Flut
Und teilt mit gewaltigen Armen
Den Strom, und ein Gott hat Erbarmen.

Und gewinnt das Ufer und eilet fort
Und danket dem rettenden Gotte,
Da stürzet die raubende Rotte
Hervor aus des Waldes nächtlichem Ort,
Den Pfad ihm sperrend, und schnaubet Mord
Und hemmet des Wanderers Eile
Mit drohend geschwungener Keule.

[1] *Dionysios I. (430–367 v. Chr.): Alleinherrscher von Syrakus*
[2] *gebeut: gebietet, befiehlt*

„Was wollt ihr?“, ruft er, vor Schrecken bleich,
„Ich habe nichts als mein Leben,
Das muss ich dem Könige geben!“
Und entreißt die Keule dem Nächsten gleich:
„Um des Freundes willen erbarmet euch!“
Und drei mit gewaltigen Streichen
Erlegt er, die andern entweichen.

Und die Sonne versendet glühenden Brand,
Und von der unendlichen Mühe
Ermattet sinken die Knie.
„O hast du mich gnädig aus Räubershand,
Aus dem Strom mich gerettet ans heilige Land,
Und soll hier verschmachtend verderben,
Und der Freund mir, der liebende, sterben!“

Und horch! da sprudelt es silberhell,
Ganz nahe, wie rieselndes Rauschen,
Und stille hält er, zu lauschen;
Und sieh, aus dem Felsen, geschwätzig, schnell,
Springt murmelnd hervor ein lebendiger Quell,
Und freudig bückt er sich nieder
Und erfrischet die brennenden Glieder.

Und die Sonne blickt durch der Zweige Grün
Und malt auf den glänzenden Matten
Der Bäume gigantische Schatten;
Und zwei Wanderer sieht er die Straße ziehn,
Will eilenden Laufes vorüberfliehn,
Da hört er die Worte sie sagen:
„Jetzt wird er ans Kreuz geschlagen.“

Und die Angst beflügelt den eilenden Fuß,
Ihn jagen der Sorge Qualen,
Da schimmern in Abendrots Strahlen
Von ferne die Zinnen von Syrakus,
Und entgegen kommt ihm Philostratus,
Des Hauses redlicher Hüter,
Der erkennet entsetzt den Gebieter:

„Zurück! Du rettest den Freund nicht mehr,
So rette das eigene Leben!
Den Tod erleidet er eben.
Von Stunde zu Stunde gewartet’ er
Mit hoffender Seele der Wiederkehr,
Ihm konnte den mutigen Glauben
Der Hohn des Tyrannen nicht rauben.“

„Und ist es zu spät, und kann ich ihm nicht
Ein Retter willkommen erscheinen,
So soll mich der Tod ihm vereinen.
Des rühme der blutge Tyrann sich nicht,
Dass der Freund dem Freunde gebrochen die Pflicht,
Er schlachte der Opfer zweie
Und glaube an Liebe und Treue.“

Und die Sonne geht unter, da steht er am Tor
Und sieht das Kreuz schon erhöhet,
Das die Menge gaffend umstehet,
An dem Seile schon zieht man den Freund empor,
Da zertrennt er gewaltig den dichten Chor:
„Mich, Henker!“, ruft er, „erwürget!
Da bin ich, für den er gebürget!“

Und Erstaunen ergreifet das Volk umher,
In den Armen liegen sich beide
Und weinen vor Schmerzen und Freude.
Da sieht man kein Auge tränenleer,
Und zum Könige bringt man die Wundermär,
Der fühlt ein menschliches Rühren,
Lässt schnell vor den Thron sie führen.

Und blicket sie lange verwundert an.
Drauf spricht er: „Es ist euch gelungen,
Ihr habt das Herz mir bezwungen,
Und die Treue, sie ist doch kein leerer Wahn,
So nehmet auch mich zum Genossen an,
Ich sei, gewährt mir die Bitte,
In eurem Bunde der Dritte.“

Friedrich Schiller und sein Werk

Zum Autor: Friedrich Schiller

Der Dichter, Dramatiker, Philosoph und Historiker Johann Christoph Friedrich Schiller wurde am 10. November 1759 in Marbach am Neckar geboren. Sein Adelstitel wurde ihm 1802 in Weimar verliehen. Er gilt als einer der bedeutendsten deutschen Schriftsteller. Viele seiner Theaterstücke gehören zum Standardrepertoire namhafter Bühnen. Auch als Lyriker war er sehr erfolgreich. So zählen beispielsweise seine Balladen zu den beliebtesten und bekanntesten deutschen Gedichten. Neben Goethe, Wieland und Herder ist Friedrich Schiller der wichtigste Vertreter der Weimarer Klassik. Er starb am 9. Mai 1805 in Weimar.

Wichtige Werke

Dramatische Werke
Die Räuber (1781)
Kabale und Liebe (1784)
Don Carlos (1787)
Wallenstein (1799)
Maria Stuart (1800)
Wilhelm Tell (1804)

Lyrik
Der Handschuh (1797)
Der Ring des Polykrates (1798)
Die Bürgschaft (1799)
Das Lied von der Glocke (1799)

Übersetzungen
Shakespeare: Macbeth (1800)
Racine: Phèdre (1805)

Philosophische Schriften
Die Schaubühne als eine moralische Anstalt betrachtet (1784)
Über die ästhetische Erziehung des Menschen (1795)
Über das Erhabene (1801)

Zum Werk: „Die Bürgschaft"

Diese Ballade von Friedrich Schiller erschien im Jahr 1799. Den Stoff dafür entnahm er der Erzählung „Vom getreuen Halten eines Versprechens" aus der spätmittelalterlichen Exempelsammlung „Gesta Romanorum". Die Ballade spielt in der Antike in der damals griechischen Polis Syrakus auf Sizilien (Magna Graecia). Damon wird nach einem fehlgeschlagenen Attentat auf den Tyrannen Dionysios zum Tode verurteilt. Ihm wird jedoch eine Frist zur Verheiratung seiner Schwester gewährt. Als „Pfand" für seine pünktliche Rückkehr lässt er einen Freund zurück. Zur Überraschung des Tyrannen kehrt Damon nach einem dramatischen Weg tatsächlich in letzter Minute zurück, um den Freund auszulösen. Beschämt muss Dionysios den Wert der Treue anerkennen und bittet die Freunde darum, ihn in ihrem Freundschaftsbund aufzunehmen.

Zur literarischen Gattung: Die Ballade

Der Begriff „Ballade" bezeichnete ursprünglich eine Gattung des Tanzliedes (lat. „ballare": tanzen) aus der mittelalterlichen Trobadordichtung Südfrankreichs.

In der deutschen Literatur ab dem späten 18. Jahrhundert versteht man darunter ein mehrstrophiges erzählendes Gedicht, das häufig mittelalterlich-märchenhafte, aber auch antike oder zeitgenössische Stoffe aufgreift und sich durch die Hinführung der Handlung zu einem pointierten Schluss auszeichnet.

Goethe nannte die Ballade das „Ur-Ei" der Poesie, weil sie Elemente der Lyrik, des Dramas und der Epik in sich vereinige.

Bekannte Balladen sind neben den oben genannten Werken Schillers u. a. Goethes „Zauberlehrling" und „Erlkönig", Fontanes „John Maynard" und Heines „Belsazar".

Name:

Eine neue Lektüre

Betrachte den Einband des Buches und beantworte die Fragen.

Autorin: ______________________________

Titel: ______________________________

Verlag: ______________________________

Wie gefällt dir das Cover?

☐ sehr gut ☐ nicht so gut

☐ gut ☐ überhaupt nicht

Welche Informationen bekommst du durch das Bild über den Inhalt des Buches?

____

____

____

Was könnte der Spitzname „Schilly-Billy“ bedeuten?

____

____

____

Was erfährst du aus dem Klappentext des Buches? Schreibe in Stichpunkten auf.

____

____

____

Welche Erwartungen hast du an das Buch?

____

____

____

Name:

Ein Unglück kommt selten allein

Hast du genau gelesen? Beantworte die folgenden Fragen.

1. … hat in der Pause verbotenerweise sein Handy an.
2. Frau Knapp nimmt es ihm ab und Ömer fragt daraufhin: „Soll ich das Handy …?“
3. Herr Eiche ist der … der Schule.
4. Als Billy ein … zitiert, wertet Frau Knapp das als Frechheit.
5. Der angekündigte Wettbewerb heißt „Die Ulmenschule sucht den …“
6. Billy denkt, dass er keine … hat, weil an ihm nichts Ausgefallenes ist.
7. Als Billy nach Hause kommt, hat er großen …
8. Aber er findet nur einen Zettel auf dem Tisch: „Mach dir den Blumenkohl …“
9. Deshalb entschließt sich Billy zur …
10. Er hofft, bei seinem Freund etwas zu essen zu bekommen, doch Ömer ist gerade beim …

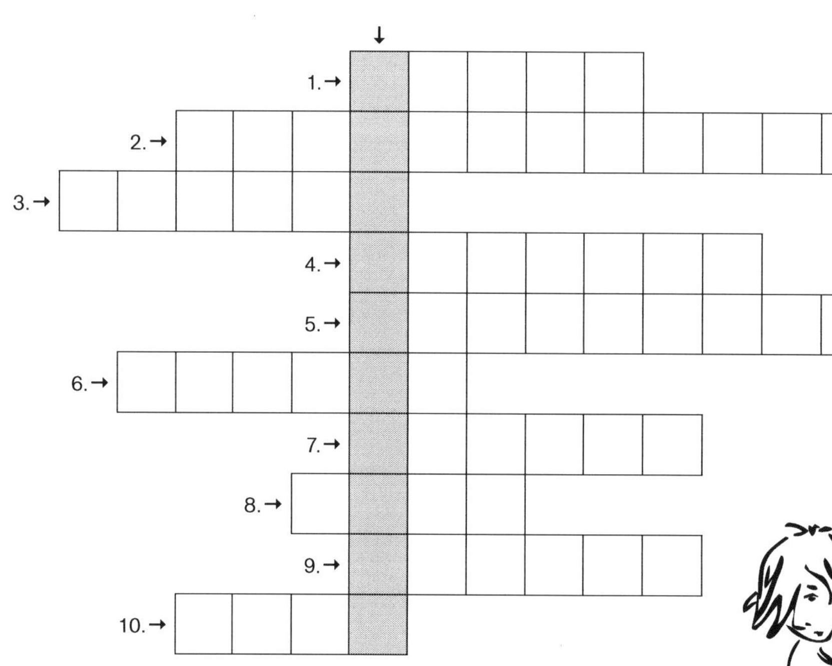

Eine bekannte Ballade von Friedrich Schiller heißt:

„Die __________“

Name:

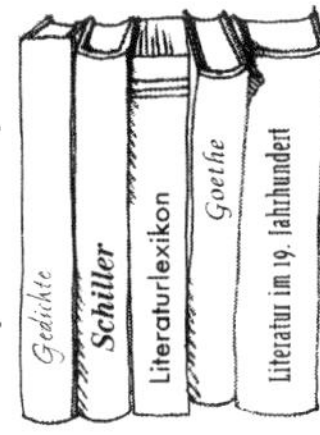

Eine Ballade (1)

Lies dir die Ballade aufmerksam durch.

Belsazar

Heinrich Heine

Die Mitternacht zog näher schon;
In stummer Ruh lag Babylon.

Nur oben in des Königs Schloss,
Da flackert's, da lärmt des Königs Tross.

Dort oben in dem Königssaal
Belsazar hielt sein Königsmahl.

Die Knechte saßen in schimmernden Reihn,
Und leerten die Becher mit funkelndem Wein.

Es klirrten die Becher, es jauchzten die Knecht;
So klang es dem störrigen Könige recht.

Des Königs Wangen leuchten Glut;
Im Wein erwuchs ihm kecker Mut.

Und blindlings reißt der Mut ihn fort;
Und er lästert die Gottheit mit sündigem Wort.

Und er brüstet sich frech und lästert wild;
Die Knechtenschar ihm Beifall brüllt.

Der König rief mit stolzem Blick;
Der Diener eilt und kehrt zurück.

Er trug viel gülden Gerät auf dem Haupt;
Das war aus dem Tempel Jehovahs[1] geraubt.[2]

Und der König ergriff mit frevler Hand
Einen heiligen Becher, gefüllt bis am Rand.

Und er leert ihn hastig bis auf den Grund
Und rufet laut mit schäumendem Mund:

„Jehovah! dir künd ich auf ewig Hohn –
Ich bin der König von Babylon!"

Doch kaum das grause Wort verklang,
Dem König ward's heimlich im Busen bang.

Das gellende Lachen verstummte zumal;
Es wurde leichenstill im Saal.

Und sieh! und sieh! an weißer Wand
Da kam's hervor wie Menschenhand;

Und schrieb, und schrieb an weißer Wand
Buchstaben von Feuer, und schrieb und schwand.

Der König stieren Blicks da saß,
Mit schlotternden Knien und totenblass.

Die Knechtenschar saß kalt durchgraut,
Und saß gar still, gab keinen Laut.

Die Magier kamen, doch keiner verstand
Zu deuten die Flammenschrift an der Wand.

Belsazar ward aber in selbiger Nacht
Von seinen Knechten umgebracht.

[1] *Jehovah: im Alten Testament Name für Gott*
[2] *aus dem Tempel geraubt: 586 v. Chr. eroberte der babylonische König Nebukadnezar II. Jerusalem. Er ließ den Tempel zerstören und seine Schätze nach Babylon bringen. Die Juden gerieten in die „babylonische Gefangenschaft".*

Name:

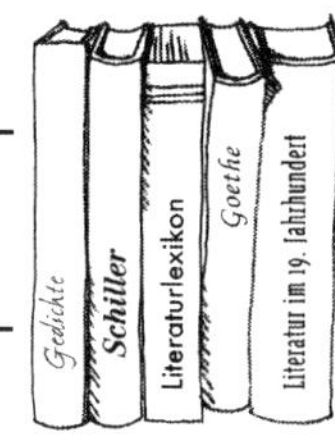

Eine Ballade (2)

Setze die fehlenden Begriffe in die Lücken ein.

Höhepunkt	Strophen	Gedicht	Stoffe	spannende

Unter einer Ballade versteht man ein längeres ____________________ mit mehreren ____________________. Häufig werden dabei antike oder mittelalterliche ____________________ aufgegriffen. Balladen zeichnen sich durch eine meist ____________________ Handlung und die Hinführung zu einem ____________________ am Ende aus.

Kreuze die richtigen Antworten an.

	richtig	falsch
König Belsazar wohnt in einer Burg.	☐ K	☐ B
Die Knechte trinken Bier.	☐ L	☐ A
Der Kopfschmuck des Königs wurde aus dem Tempel Jehovas geraubt.	☐ B	☐ M
König Belsazar behauptet, er sei der König von Athen.	☐ P	☐ Y
Eine Flammenschrift erscheint plötzlich an der Wand.	☐ L	☐ R
Auch die Magier des Königs wissen nicht, was die Erscheinung zu bedeuten hat.	☐ O	☐ S
König Belsazar wird noch in derselben Nacht von seiner Ehefrau umgebracht.	☐ T	☐ N

Lösungswort: ___ ___ ___ ___ ___ ___ ___

Name:

Vom Traum, ein Superstar zu sein

Billy möchte gerne an dem Schulwettbewerb teilnehmen und Superstar werden. Diesen Traum haben auch viele andere Jugendliche und bewerben sich bei TV-Castingshows wie „Deutschland sucht den Superstar“ oder „Germany's Next Topmodel“.

Welchen Aussagen zu diesen Castingshows stimmst du zu? Schraffiere sie farbig.

Jeder kann mitmachen und jeder hat die Chance zu gewinnen – das ist doch toll!

Inzwischen gibt es so viele Castingshows. Das wird auf Dauer langweilig.

Das ist reine Geldmacherei der Fernsehsender. Die Künstler bekommen nichts.

Ich finde diese Castings total spannend! Da würde ich selber gerne mal mitmachen.

Die Juroren machen die Kandidaten oft total fertig. Das ist ganz schön fies.

Viele Jugendschützer regen sich über diese Shows auf. Dabei machen die Kandidaten doch alle freiwillig mit …

____

____

____

Der Erfolg der Gewinner hält meist nicht lange an. Von wegen Superstar!

Ich schaue mir die Sendungen auch an – weil es schließlich alle tun und ich mitreden will.

Viele Kandidaten sind richtig peinlich – das finde ich witzig!

Ergänze in der leeren Sprechblase deine eigene Meinung.

Name:

In der Not frisst der Teufel Fliegen

Andrej hat ein neues Sprichwort kennengelernt – das er kurzerhand umformuliert.

 Setze die Bausteine richtig zusammen. Schreibe die vollständigen Sprichwörter in dein Heft.

Kommt Zeit,

Wer andern eine Grube gräbt,

nicht weit vom Stamm.

kurze Beine.

Der frühe Vogel

kommt Rat.

was glänzt.

Es ist nicht alles Gold,

fällt selbst hinein.

Lügen haben

fängt den Wurm.

Der Apfel fällt

 Was bedeuten die Sprichwörter? Unterhaltet euch in der Klasse darüber.

 Erfinde drei neue Sprichwörter, indem du – wie Andrej – einzelne Wörter oder Satzteile veränderst.

1. ______________________________

____

2. ______________________________

____

3. ______________________________

____

4. bis 6. Kapitel

Inhalt

4. Kapitel

Noch immer hat Billy kein Mittagessen bekommen, weil er sich mit Andrej zunächst dem Computerspielen gewidmet hat. Da sein Hunger immer größer wird, macht er sich gemeinsam mit Andrej erneut auf den Weg zu Ömer. Dort bietet ihm Ömers Mutter ein Stück Pide an, das Billy dankbar annimmt. Gierig schiebt er sich die ganze Portion auf einmal in den Mund, sodass er zu ersticken droht. Er spuckt den Pidebrei hinter einigen Büschen auf den Boden und im selben Moment steht Jenny neben ihm. Das ist zu viel. Billy fällt in Ohnmacht. Im Fallen versucht er sich noch festzuhalten – ausgerechnet an Jennys Haaren. Als Billy, dank des engagierten Einsatzes von Ömers Vater, wieder zu sich kommt, hält er deshalb ein Haarbüschel von Jenny in der Hand.

5. Kapitel

Bei allen Anwesenden sorgt Billys Ohnmachtsanfall für große Erheiterung. Billy hingegen ist das Ganze – vor allem wegen Jenny – furchtbar peinlich und er flüchtet sich schnellstmöglich nach Hause. Jenny mit Andrej und Ömer zurückzulassen, die ihrerseits auch in sie verliebt sind, gefällt Billy dabei aber gar nicht. Zu Hause versucht er sich deshalb abzulenken, was ihm aber nicht gelingt. Immerhin trifft seine Mutter ein und kocht etwas.

6. Kapitel

Beim Essen erzählt Billys Mutter von ihren Problemen, bis der Junge sich lautstark weigert, als Seelenmülleimer zu dienen. Dann aber umarmen sich die beiden und Billy berichtet seiner Mutter von seinen eigenen Problemen.

Billys Interesse am Talentwettbewerb ist ungebrochen. Besonders der Hauptpreis, zwölf Kinofreikarten, hat es ihm angetan: Er sieht sich schon an Jennys Seite im *MovieStar* sitzen. Allerdings ist Billy überzeugt davon, dass er ganz und gar talentfrei ist und deshalb nicht an dem Wettbewerb teilnehmen kann.

Thematische Schwerpunkte

- Grammatik- und Rechtschreibtraining: Aktiv- und Passivformen, Artikel, Pluralbildung, Zeichensetzung u. a.
- Lesetraining: Texte entschlüsseln
- Im Fokus: Talente

Gesprächs- und Schreibanlässe

Zum 4. Kapitel

Überprüfung der Textkenntnis

- Was passiert vor dem Lokal? Wie kommt es dazu?
- Welche Rolle spielt Jenny dabei?
- Verhalten sich Billys Freunde richtig?

Weiterführende Fragen

- Was machst du, wenn du zu Hause kein richtiges Mittagessen bekommst: hungern, selbst kochen oder lieber Fast Food essen?
- Ist dir schon einmal etwas Peinliches in Gegenwart deines Schwarms passiert? Wie hast du dich danach verhalten? Und wie hat der Junge bzw. das Mädchen reagiert?

Zum 5. Kapitel

Überprüfung der Textkenntnis

- Was bezeichnet Billy als den „Super-GAU"? Warum ist dieses Ereignis so schlimm für ihn?
- Womit versucht sich Billy nach diesem Ereignis abzulenken? Warum funktioniert das nicht?
- Womit versucht Billy seinen knurrenden Magen zu beruhigen?

Weiterführende Fragen

- Welches Ereignis wäre in deiner jetzigen Lebenssituation ein Super-GAU?
- Hast du selbst schon Situationen erlebt, in denen du, wie Billy, einfach nur noch wegwolltest? Wie kam es dazu? Was ist passiert? Wie hast du reagiert? Wie haben sich deine Freunde bzw. anwesende Passanten verhalten? Ging es dir besser, als du „flüchten" konntest?

Zum 6. Kapitel

Überprüfung der Textkenntnis

- Was erfährst du über Billys Mutter? Welche Probleme hat sie? Wie geht Billy damit um?
- Was geistert Billy im Kopf herum? In welchen Situationen passiert dies?
- Warum reizt Billy der Talentwettbewerb? Was hält ihn davon ab, sich anzumelden?

Weiterführende Fragen

- Sprechen deine Eltern mit dir über ihre persönlichen Probleme? Wie fühlst du dich dabei? Kannst du ihnen dann helfen?

- Passiert es dir auch manchmal, dass dir bestimmte Dinge, z. B. Lieder, nicht mehr aus dem Kopf gehen? Welche genau?

Kreativ aktiv

Billys Auftritt
Ihr möchtet die Szene vor dem Lokal als Theaterstück aufführen. Schreibt ein entsprechendes Drehbuch, das die Dialoge und Regieanweisungen beinhaltet.

Wenn es die Zeit erlaubt, kann die Szene gemäß dem Drehbuch einstudiert und in der Klasse aufgeführt werden. Denkbar ist auch ein Wettbewerb: Welche Gruppe hat das beste Drehbuch geschrieben? Welche Gruppe hat das Drehbuch am besten umgesetzt? Als bleibende Erinnerung können die Aufführungen auch mit der Kamera aufgezeichnet werden.

Zu den Kopiervorlagen

Billys Kampf mit dem Pide
Anhand eines Lückentextes können die Schüler ihre Textkenntnis überprüfen. Leistungsschwächere Schüler können bei dieser Aufgabe auch das Buch zu Hilfe nehmen.

Lösung
Mein Hunger ist so groß, dass ich mir die ganze Portion auf einmal in den Mund stopfe. Das war ein Fehler. Es bleibt einfach kein Platz mehr zum Kauen. Ich mahle mit den Kiefern, aber meine Zunge und die Masse in meinem Mund verbünden sich zu einem Klumpen, den ich nicht mehr beherrsche. Ich beginne heftig zu würgen. Andrej und Ömer sehen mir interessiert zu, ohne auch nur einen Finger zu rühren. Ich ziehe ernsthaft in Erwägung, ihnen die Matsche vor die Füße zu spucken. Das wären zwei Fliegen mit einer Klappe: endlich zurückgespuckt und eigenes Leben gerettet. Aber was soll Ömers Mama dann von mir denken? Ich würge also weiter, bis mir das Wasser aus den Augen tritt, und verziehe mich dabei so unauffällig wie möglich hinter ein paar Büsche. Endlich erkläre ich den Kampf für verloren und entleere meinen Mund mit einem hässlichen Röchelgeräusch. Da höre ich Ömers Stimme. Und dann die von Andrej. Beide sagen nur zwei Worte: „Hi, Jenny!“

Billys Spaghetti-Mampferei
Anhand des Rezepts von Billys Lieblingsgericht soll der Gebrauch des Passivs wiederholt bzw. gefestigt werden. Bei leistungsschwächeren Klassen kann zunächst die erste Teilaufgabe besprochen werden, um sicherzustellen, dass alle Verben gefunden wurden, bevor dann im nächsten Schritt die Aktiv- in Passivformen umgewandelt werden.

Lösung
Für die Zubereitung der Soße wird ein Topf benutzt. Zuerst wird darin eine Knoblauchzehe in etwas Olivenöl angebraten und wieder herausgenommen. Danach werden klein geschnittene Zwiebeln, Möhren und Selleriestangen hineingegeben, angebraten und ebenfalls wieder herausgenommen. Dann wird das Hackfleisch angebraten. Zum Hackfleisch wird etwas Tomatenmark gegeben. Anschließend wird mit ein wenig Rotwein oder Wasser abgelöscht. Dazu werden Tomaten aus der Dose gegossen, die zuvor mit dem Mixstab püriert worden sind. Nun wird das angebratene Gemüse wieder in den Topf gegeben. Die Soße wird zweieinhalb Stunden gekocht. Alle halbe Stunde wird Gemüsebrühe aufgegossen. Zum Schluss wird die Soße mit Lorbeer, Nelken und frisch geriebener Muskatnuss abgeschmeckt.
Die Nudeln werden in reichlich Salzwasser bissfest gekocht. Danach wird das Wasser abgegossen und die Nudeln werden in Butter oder Olivenöl geschwenkt. Zum Servieren werden die Nudeln auf die Teller verteilt. Dann wird die Soße darüber verteilt und mit einigen Basilikumblättchen garniert.

Talente gesucht!
Bei dieser Kreativaufgabe können die Schüler ihrer Fantasie freien Lauf lassen. Damit kann die Begeisterung für das Thema „Talentwettbewerb“ und somit die Lesemotivation gefördert werden.

Mögliche Lösung

WANTED

Zum ersten Mal in der Geschichte unserer Schule
suchen wir den
ambitioniertesten Krapfenesser.

Wenn du Talent hast zum
schnellen und zahlreichen Krapfenverschlingen,
dann bewirb dich noch heute.

Teilnehmen kann jeder, der
mindestens 10 Krapfen verputzen kann, ohne dass ihm schlecht wird.

Die Jury besteht aus
drei Mitgliedern der Schülerzeitung, die Krapfen nicht ausstehen können.

Die Sieger dürfen sich über diese tollen Preise freuen:
1. Platz: ein 12-monatiges Krapfen-Abo bei Bäcker Mayer
2. Platz: eine Körperfettwaage
3. Platz: 10 kg Bio-Möhren

Wir freuen uns über eure Teilnahme!
Eure Schülerzeitungsredaktion

Mit dem Handy? Mit das Handy?

Billys Freund Andrej hat Probleme im Umgang mit der deutschen Sprache. Mit dieser Aufgabe können sowohl die bestimmten Begleiter als auch die Pluralbildung mit Wörtern aus der Lektüre geübt werden. In den Beispielsätzen muss zusätzlich auf den richtigen Fall geachtet werden, was für viele Nichtmuttersprachler größere Probleme mit sich bringt.

Zur Vertiefung kann sich eine Unterrichtseinheit über die verschiedenen Arten der Pluralbildung im Deutschen anschließen, ggf. mit weiteren Übungen zu schwierigen Pluralformen. Denkbar ist auch ein Gespräch über Bedeutung und Herkunft der Wörter, da es sich bei allen Begriffen um Fremdwörter handelt.

Lösung

die Diskussion – die Diskussionen
das Duell – die Duelle
die Portion – die Portionen
der Moment – die Momente
das Manöver – die Manöver
die Chance – die Chancen
die Notiz – die Notizen
die Bilanz – die Bilanzen
der Rektor – die Rektoren
die Situation – die Situationen

Bei der Diskussion passt Andrej nicht auf.
Andrej wagt das Duell mit Kevin.
Nach der großen Portion Eis ist Billy satt.
In dem Moment biegt Jenny um die Ecke.
Ömer wagt das riskante Manöver.
Der Wettbewerb ist die Chance für Billy.
Billy schenkt der Notiz keine Beachtung.
Die Bilanz lautet: Es war der Super-GAU!
Billy muss dem Rektor sein Handy geben.
Andrej verhält sich in der Situation falsch.

Billys Super-GAU

Diese Kopiervorlage dient zunächst dem Lesetraining, da die Schüler einen Text mit vielen Rechtschreib- und Flüchtigkeitsfehlern entziffern sollen. Im zweiten Schritt verbessern sie den fehlerhaften Text, sodass zusätzlich Rechtschreibung und Zeichensetzung geschult werden.

Lösung

Hallo Jenny!

Ich muss dir jetzt einfach schreiben, weil mir total peinlich ist, was heute Nachmittag vor dem Lokal von Ömers Eltern passiert ist.

Ich möchte mich unbedingt bei dir entschuldigen, dass ich dir ein Haarbüschel ausgerissen habe. Das tut mir total leid! Ich weiß nicht, wie ich das wiedergutmachen kann ... Vielleicht hilft es, wenn ich dir erkläre, wie es so weit kommen konnte: Ich hatte nach der Schule großen Hunger, aber meine Mama hatte nichts gekocht. Also bin ich zu Ömer gegangen, doch der war nicht da. Dann hab ich mich auf den Weg zu Andrej gemacht und zusammen sind wir wieder zu mir nach Hause gegangen. Dort haben wir zwei Stunden Computer gespielt. Danach sind wir noch mal zu Ömer gelaufen. Kannst du dir vorstellen, wie hungrig ich in dem Moment war? Ömers Mutter hat mir dann ein Pide angeboten. Weil ich so einen furchtbaren Hunger hatte, hab ich mir ein viel zu großes Stück in den Mund geschoben. Ich dachte, ich ersticke an dem Teil. Aber vor Ömers Mama wollte ich die Pide-Pampe nicht ausspucken, deshalb bin ich hinter ein paar Büsche gegangen. Und in dem Moment kommst du um die Ecke gebogen. Das war dann zu viel! Ich bin einfach umgekippt ...

Wie wär's, wenn ich dich als Wiedergutmachung ins Kino einlade?

Viele Grüße, Billy

Name:

Billys Kampf mit dem Pide

Vor dem Lokal erlebt Billy seinen persönlichen Super-GAU.

Erinnerst du dich noch, was passiert ist? Ergänze den Lückentext.

würgen | Wasser | Finger | Hunger | verloren | Worte

Mund | Kauen | Füße | Mama | Stimme | unauffällig

Mein ________________ ist so groß, dass ich mir die ganze Portion auf einmal in den ________________ stopfe. Das war ein Fehler. Es bleibt einfach kein Platz mehr zum ________________. Ich mahle mit den Kiefern, aber meine Zunge und die Masse in meinem Mund verbünden sich zu einem Klumpen, den ich nicht mehr beherrsche. Ich beginne heftig zu ________________. Andrej und Ömer sehen mir interessiert zu, ohne auch nur einen ________________ zu rühren. Ich ziehe ernsthaft in Erwägung, ihnen die Matsche vor die ________________ zu spucken. Das wären zwei Fliegen mit einer Klappe: endlich zurückgespuckt und eigenes Leben gerettet. Aber was soll Ömers ________________ dann von mir denken? Ich würge also weiter, bis mir das ________________ aus den Augen tritt, und verziehe mich dabei so ________________ wie möglich hinter ein paar Büsche. Endlich erkläre ich den Kampf für ________________ und entleere meinen Mund mit einem hässlichen Röchelgeräusch. Da höre ich Ömers ________________. Und dann die von Andrej. Beide sagen nur zwei ________________:

„Hi, Jenny!“

Name:

Billys Spaghetti-Mampferei

Billy liebt Spaghetti Bolognese. Seine Mutter erklärt ihm, wie sie sein Lieblingsgericht zubereitet, damit er es in Zukunft auch selbst kochen kann.

Lies dir den Text aufmerksam durch.

Für die Zubereitung der Soße benutze ich einen Topf. Zuerst brate ich darin eine Knoblauchzehe in etwas Olivenöl an und nehme sie wieder heraus. Danach gebe ich klein geschnittene Zwiebeln, Möhren und Selleriestangen hinein, brate sie an und nehme sie ebenfalls wieder heraus. Dann brate ich das Hackfleisch an. Zum Hackfleisch gebe ich etwas Tomatenmark. Anschließend lösche ich mit ein wenig Rotwein oder Wasser ab. Dazu gieße ich Tomaten aus der Dose, die ich zuvor mit dem Mixstab püriert habe. Nun gebe ich das angebratene Gemüse wieder in den Topf. Die Soße kocht zweieinhalb Stunden. Alle halbe Stunde gieße ich Gemüsebrühe auf. Zum Schluss schmecke ich die Soße mit Lorbeer, Nelken und frisch geriebener Muskatnuss ab.

Die Nudeln koche ich in reichlich Salzwasser bissfest. Danach gieße ich das Wasser ab und schwenke die Nudeln in Butter oder Olivenöl. Zum Servieren verteile ich die Nudeln auf die Teller. Dann verteile ich die Soße darüber und garniere sie mit einigen Basilikumblättchen.

Unterstreiche zuerst alle Verben. Setze den Text dann ins Passiv und schreibe ihn in dein Heft.

Für die Zubereitung der Soße wird ein Topf benutzt. Zuerst wird …

Name:

Talente gesucht!

Billy wäre gerne ein Superstar – dabei hält er sich selbst für völlig talentfrei. Aber irgendein Talent hat jeder. Es kommt nur auf den richtigen Wettbewerb an …

Überlege dir einen außergewöhnlichen Talentwettbewerb und erstelle eine entsprechende Ausschreibung. Deiner Fantasie darfst du dabei freien Lauf lassen!

WANTED

Zum ersten Mal in der Geschichte unserer Schule suchen wir den

____.

Wenn du Talent hast zum

____,

dann bewirb dich noch heute.

Teilnehmen kann jeder, der

____.

Die Jury besteht aus

____.

Die Sieger dürfen sich über diese tollen Preise freuen:

1. Platz: ________________________

2. Platz: ________________________

3. Platz: ________________________

Wir freuen uns über eure Teilnahme!
Eure Schülerzeitungsredaktion

Name:

Mit dem Handy? Mit das Handy?

Billys Freund Andrej hat manchmal Schwierigkeiten mit der deutschen Sprache. Auch die bestimmten Artikel machen ihm zu schaffen.

Du kannst das sicher besser! Ergänze die bestimmten Artikel.

Singular	Plural	Beispielsatz (Achtung!)
die Diskussion		Bei _______ Diskussion passt Andrej nicht auf.
____ Duell	die Duelle	Andrej wagt _______ Duell mit Kevin.
____ Portion		Nach _______ großen Portion Eis ist Billy satt.
____ Moment		In _______ Moment biegt Jenny um die Ecke.
____ Manöver		Ömer wagt _______ riskante Manöver.
____ Chance		Der Wettbewerb ist _______ Chance für Billy.
____ Notiz		Billy schenkt _______ Notiz keine Beachtung.
____ Bilanz		_______ Bilanz lautet: Es war der Super-GAU!
____ Rektor		Billy muss _______ Rektor sein Handy geben.
____ Situation		Andrej verhält sich in _______ Situation falsch.

Name:

Billys Super-GAU

Nach dem peinlichen Vorfall vor dem Lokal denkt Billy, dass ihn Jenny für eine totale Lachnummer hält. Deshalb schreibt er ihr eine E-Mail, um sich bei ihr zu entschuldigen.

In der Aufregung vertippt sich Billy aber oft. Kannst du dennoch entziffern, was er geschrieben hat?

Von: billy_the_hit@m-online.de
An: jennymaus@yazoo.de
Betreff: Der Super-GAU

Halo Jenny!

Ich mus dir jetzt einfach schreiben weil mir total peinlich is, was heute Nachmitag vor dem Lokal von Ömers Eltern passirt ist.
ich möchte mich unbedinkt bei dir entschuldigen dass ich dier ein Harbüschel ausgerissen habe. Das tut mir total laid! Ich weis nicht, wie ich das wiedergutmachen kann … Vielleicht hilft es, wen ich dir erkläre, wie es so weit komen konnte: Ich hatte nach der Schule grosen Hunger, aber meine Mama hate nichts gekocht. Also bin ich zu Ömer gegang, doch der wahr nicht da. Dann hab ich mich auf den Wehg zu Andrej gemacht und zusamen sind wir wieder zu mir nach Hause gegangen. Dort haben wir zwei Stunnden Computer gespilt. Danach sind wir noch mal zu Ömer gelaufen. Kannst du dir vorstelen, wie hungrik ich in dem Moment war? Ömers Muter hat mir dann ein Pide angeboten. Weil ich so einen furchtbarn Hunger hatte, hab ich mir ein viehl zu groses Stück in den Munt geschoben. Ich dachte, ich erstike an dem Teil. Aber vor Ömers Mama wolte ich die Pide-Pampe nicht ausspucken, deshalb bin ich hinta ein paar Büsche gegangen. Und in dem Moment komst du um die Ecke gebogen. Das war dan zu viel! Ich bin einfach umgekipt …
Wie wär's, wen ich dich als Wiedergutmachung inns Kino einlade?

Fiele Grüße, Billy

Schreibe die E-Mail in dein Heft. Achte dabei auf Rechtschreibung und Zeichensetzung.

Inhalt

7. Kapitel
„Die Bürgschaft“ von Schiller schwirrt Billy weiterhin im Kopf herum, worüber er nicht besonders erfreut ist. Auch in der Schule steht bei der „Power-Bauer“, wie Billy seine Deutschlehrerin nennt, eine Gedichtabfrage auf dem Programm. Zu allem Überfluss fehlen Jenny und Andrej im Unterricht, sodass Billys Eifersucht weiter geschürt wird.

8. Kapitel
Jenny hatte einen Unfall, wie Billy von Ömer erfahren muss, was für ihn die Frage aufwirft, woher Ömer das weiß. Seine Eifersucht macht Billy also immer noch schwer zu schaffen. Erst als er erfährt, dass Ömer rein zufällig Jennys Mutter getroffen hat und dass Andrej die Schule geschwänzt hat, beruhigt sich Billy wieder.

9. Kapitel
Billys Freund Ömer ist ein begeisterter Beatboxer, was er schon oft in der Schule unter Beweis gestellt hat. Eine Beatboxeinlage in einem öffentlichen Bus stößt bei den meisten Fahrgästen jedoch auf wenig Verständnis. Billy ist erschüttert über die Ignoranz seiner Mitmenschen, die seiner Meinung nach einfach keine Ahnung von Kunst haben. Als Billy wieder einmal Schillers „Bürgschaft“ zitiert, unterlegt Ömer die Reime mit Beatbox-Geräuschen, was den beiden Jungen viel Spaß macht.

Thematische Schwerpunkte

- Im Fokus: Beatboxing
- Umgang mit Sprache: Ironie
- Grammatiktraining: Präsens und Präteritum

Gesprächs- und Schreibanlässe

Zum 7. Kapitel
Überprüfung der Textkenntnis
- Warum ist Billy froh, morgens aufstehen zu können? Was genau hat er geträumt?
- Wem begegnet Billy im Schulhaus als Erstes?
- Was machen Kevin und Ömer gerade, als Billy in die Klasse kommt?
- Was macht Billy an diesem Morgen nervös? Welche Gedanken schießen ihm durch den Kopf?
- Wie kommt es dazu, dass Frau Bauer Billy mit den Worten „Quietsch nicht!“ ermahnt?

Weiterführende Fragen
- Hattest du auch schon einmal einen Albtraum? Worum ging es dabei? Warum, denkst du, hattest du diesen Traum?
- Wollte dich ein Lehrer oder eine Lehrerin schon einmal ermahnen und konnte sich dabei selbst das Lachen nicht verkneifen?

Zum 8. Kapitel
Überprüfung der Textkenntnis
- Was erfährt Billy von Ömer? Warum ist er deshalb eifersüchtig auf ihn?
- Was genau ist Jenny zugestoßen?
- Was passiert im Chat? Was erzählt Jenny? Und was Andrej?

Weiterführende Fragen
- Kannst du verstehen, dass Billy auf Ömer und Andrej eifersüchtig ist? Gibt es einen Anlass dazu? Oder spielt sich das alles nur in Billys Fantasie ab?
- Neigst du selbst zur Eifersucht? In welchen Situationen?

Zum 9. Kapitel
Überprüfung der Textkenntnis
- Was macht Ömer bei der Busfahrt? Wie reagieren die anderen Fahrgäste?
- Welches Spiel machen die beiden Jungen in der Fußgängerzone? Warum verliert Billy?
- Warum wollen Billy und Ömer zu *SPIEL&KAUF* gehen? Was passiert auf dem Weg dorthin?

Weiterführende Fragen
- Hast du schon einmal mitbekommen, dass sich Fahrgäste in öffentlichen Verkehrsmitteln über „die heutige Jugend“ beschweren? Gibt es auch Sachen, die dich an anderen Leuten stören, wenn du Bus oder Bahn fährst?

- Findest du auch, dass ältere Leute oft keine Ahnung davon haben, was „Kunst“ ist? Oder zumindest, dass ihre Meinung dazu ziemlich engstirnig ist?

Kreativ aktiv

Collage „Beatboxing“

Informiert euch im Internet über das Thema „Beatboxing“ und erstellt dazu eine Collage. Versucht dabei, ein möglichst umfassendes Porträt zu erstellen: Anfänge des Beatboxings, Bezug zur Hip-Hop-Musik, heutige Stars der Szene etc.

Wandbild „Glosse“

Wie ihr sicherlich bemerkt habt, ist das sprachliche Mittel der Ironie oft gar nicht so einfach von einer ernst gemeinten Aussage zu unterscheiden. In einer sachlichen Berichterstattung gilt deshalb der oberste Grundsatz, Ironie zu vermeiden. Dennoch hat sie sich selbst in seriösen Tageszeitungen einen Platz erobert – und zwar in der Glosse. Erstellt ein Wandplakat, das diese besondere Textgattung vorstellt und Beispiele präsentiert.

Zu den Kopiervorlagen

Jenny, die Piratenbraut

Mit dieser Kopiervorlage können die Schüler ihre Textkenntnis überprüfen. Durch die vorgegebenen Silben wird gleichzeitig die Worttrennung geübt, sodass sich eine vertiefende Unterrichtseinheit zu den Trennungsregeln anschließen kann.

Lösung

Billy wacht um etwa sechs Uhr morgens auf und ist glücklich, dass er aufstehen darf, denn er hatte einen Albtraum. In der Schule trifft er als Erstes Andrejs Papa, der einen schweren Schreibtisch trägt. Als Billy endlich ins Klassenzimmer kommt, empfängt ihn dort ein Höllenlärm. Deutlich zu hören ist vor allem Ömers Beatboxen. Als Billy bemerkt, dass Jenny nicht an ihrem Platz ist, wird er ganz nervös. Da auch Andrej nicht in der Klasse ist, fürchtet Billy, die beiden genießen irgendwo ihre Zweisamkeit. Deshalb fragt er Ömer, ob er wisse, wo Jenny steckt. Ömer antwortet kurz angebunden: „Jenny hatte gestern noch einen kleinen Unfall.“ Billy lässt nicht locker und Ömer verrät ihm schließlich, was genau passiert ist: Jenny hat sich einen Finger ins Auge gesteckt. Diese Auskunft schürt Billys Eifersucht erneut. Aber Ömer erklärt ihm, dass er das alles nur weiß, weil er auf dem Weg zur Schule zufällig Jennys Mutter getroffen hat. Nach der Schule möchte Billy eine Gute-Besserungs-Nachricht an Jenny schicken – doch leider hat er kein Handy, worüber er sich in diesem Moment wieder einmal ganz besonders ärgert.

Beatboxing

Die erste Kopiervorlage liefert Hintergrundinformationen zum Thema „Beatboxing“. Die Arbeitsaufträge lenken den Blick auf die Hip-Hop-Kultur als Ganzes. Anhand des nachfolgenden Tests können die Schüler ihr neues Wissen gleich überprüfen.

Wenn bei den Schülern großes Interesse an diesem Thema besteht, bieten sich vertiefende Referate an, beispielsweise zu den anderen im Text genannten Elementen der Hip-Hop-Kultur.

Lösung

1 c, 2 c, 3 d, 4 a, 5 b, 6 c

Beatboxer Ömer im Bus

Ömers Beatbox-Einlage im Bus dient hier als Grundlage für eine Übung zu den Tempusformen. Bei leistungsschwächeren Klassen kann zunächst die erste Aufgabe besprochen werden, um sicherzustellen, dass alle Verben gefunden wurden, bevor im nächsten Schritt die Präsens- in die Präteritumsformen umgewandelt werden. Hilfreich kann dabei auch sein, die ersten Sätze gemeinsam zu bearbeiten, bevor die Schüler selbstständig die Aufgabe fertigstellen.

Lösung

Eine Stunde später stand ich mit Ömer an der Bushaltestelle. Während ich gegen das Bushäuschen trat, beatboxte Ömer, was das Zeug hielt. Er machte das echt klasse. Trotzdem schaute uns die Tussi, die neben ihm stand, vorwurfsvoll an. Als der Bus endlich kam, war Ömer natürlich der Erste, der einen Platz fand. Ich ließ mir Zeit – mit dem Ergebnis, dass nur noch ein Sitzplatz übrig war. Weil ich nicht 20 Minuten stehen wollte, musste ich mich zwischen diese Tussi und den Kerl neben ihr quetschen. Kaum saß ich, nestelte die Frau eine Zeitschrift hervor und hielt sie mir so unter die Nase, dass ich gar nicht anders konnte, als mitzulesen. Nun begann der Typ neben mir auch noch zu husten. Er steigerte sich in einen absolut korrekten Rhythmus. Und plötzlich drangen von Ömers Platz her Geräusche – Beatbox-Geräusche. Das war richtig coole Musik, die er da machte. Fand ich.
Die anderen im Bus fanden das nicht. Sie regten sich furchtbar auf: „Respektlos!“ – „Unverschämtheit!“ – „Jugend von heute!“

„So fängt der Tag ja richtig gut an!“

Diese Kopiervorlage widmet sich dem sprachlichen Mittel der Ironie. Ausgehend von Billys ironischer Äußerung „So fängt der Tag ja richtig gut an“ lernen die Schüler die wichtigsten Merkmale dieses Stilmittels kennen. Anschließend sind sie aufgefordert, ihr neues Wissen gleich in die Praxis umzusetzen und dabei ihre Kreativität zu beweisen.

Lösung

Charakteristisch für die Ironie ist der Unterschied zwischen wörtlicher und wirklicher Bedeutung. Sie wird oftmals als verhüllter Spott bezeichnet. Ironie ist deshalb auch nur aus dem Zusammenhang zu verstehen. Im Alltag sind ironische Bemerkungen häufig. Meist wird dabei genau das Gegenteil von dem gesagt, was eigentlich gemeint ist.

Beispiele:
Der Vater lässt einen teuren Porzellanteller auf den Boden fallen. Die Mutter kommentiert: „Prima machst du das!“
Die Fußballmannschaft verliert haushoch gegen einen schwachen Gegner. Der Trainer sagt: „Tolle Leistung, Jungs!“
Ein Schüler kommt zu spät zum Unterricht und entschuldigt sich damit, dass der Wecker nicht geklingelt hat. Der Lehrer antwortet: „Na, das ist aber mal eine originelle Ausrede!“

Name:

Jenny, die Piratenbraut

Wenn du das 7. und 8. Kapitel aufmerksam gelesen hast, kannst du diesen Lückentext ganz bestimmt ergänzen. Die Silben helfen dir dabei.

ALB	BEAT	BO	DY	EI	FALL	FER
FIN	GER	HAN	HÖL	KEIT	LÄRM	LEN
MUT	NER	SAM	SCHREIB	SUCHT	TER	
TISCH	TRAUM	UN	VÖS	XEN	ZWEI	

Billy wacht um etwa sechs Uhr morgens auf und ist glücklich, dass er aufstehen darf, denn er hatte einen ______________. In der Schule trifft er als Erstes Andrejs Papa, der einen schweren ______________ trägt. Als Billy endlich ins Klassenzimmer kommt, empfängt ihn dort ein ______________. Deutlich zu hören ist vor allem Ömers ______________. Als Billy bemerkt, dass Jenny nicht an ihrem Platz ist, wird er ganz ______________. Da auch Andrej nicht in der Klasse ist, fürchtet Billy, die beiden genießen irgendwo ihre ______________. Deshalb fragt er Ömer, ob er wisse, wo Jenny steckt. Ömer antwortet kurz angebunden: „Jenny hatte gestern noch einen kleinen ______________." Billy lässt nicht locker und Ömer verrät ihm schließlich, was genau passiert ist: Jenny hat sich einen ______________ ins Auge gesteckt. Diese Auskunft schürt Billys ______________ erneut. Aber Ömer erklärt ihm, dass er das alles nur weiß, weil er auf dem Weg zur Schule zufällig Jennys ______________ getroffen hat. Nach der Schule möchte Billy eine Gute-Besserungs-Nachricht an Jenny schicken – doch leider hat er kein ______________, worüber er sich in diesem Moment wieder einmal ganz besonders ärgert.

Name:

Beatboxing (1)

Ömer beatboxt zu Billys Schiller-Reimen. Doch was ist „Beatboxing" eigentlich genau? Der folgende Text verrät es dir.

 Lies dir den Text aufmerksam durch.

Beatboxing nennt man die Technik, mit dem Mund Geräusche zu erzeugen, die den Geräuschen eines Schlagzeugs und anderer Schlaginstrumente ähneln. Diese A-cappella-Kunst entstand zu Beginn der 1980er Jahre, als junge Hip-Hopper in den USA begannen, auf den Straßen zu rappen. Da oftmals kein Gettoblaster vorhanden war, sorgten Beatboxer für tanzbare Sounds. Daraus entstanden später auch sogenannte „battles": Wettbewerbe, bei denen sich Beatboxer in ihrer Kunstfertigkeit messen. Durch kontrollierte Bewegungen der Zunge, der Wangen-, Kiefer- und Halsmuskulatur sowie eine ausgefeilte Atemtechnik kann ein Beatboxer mehrere Instrumente gleichzeitig nachahmen. Neben Rappen, DJing, Breakdance und Graffiti gilt das Beatboxen als fünftes Element der Hip-Hop-Kultur.

Welche der genannten Elemente der Hip-Hop-Kultur findest du am interessantesten? Begründe deine Meinung.

____

____

____

____

____

 Begebt euch auf Spurensuche: Wie beeinflusst die Hip-Hop-Kultur die derzeitigen Mode-, Musik- und Lifestyletrends? Recherchiert dazu in aktuellen Zeitschriften und im Internet.

Name:

Beatboxing (2)

Hast du genau gelesen? Kreuze jeweils die richtige Antwort an.

1. Beatboxing entstand in …

- [ ] a) Japan.
- [ ] b) Deutschland.
- [ ] c) den USA.
- [ ] d) der Türkei.

2. Beatboxing gibt es seit den …

- [ ] a) 1960er Jahren.
- [ ] b) 1970er Jahren.
- [ ] c) 1980er Jahren.
- [ ] d) 1990er Jahren.

3. In der Hip-Hop-Kultur gilt Beatboxen als …

- [ ] a) das erste Gebot.
- [ ] b) die dritte Säule.
- [ ] c) die vierte Dimension.
- [ ] d) das fünfte Element.

4. Unter „battles“ versteht man …

- [ ] a) Beatbox-Wettbewerbe.
- [ ] b) Graffiti-Zeichnungen.
- [ ] c) Hip-Hop-Konzerte.
- [ ] d) DJ-Auftritte.

5. Beatboxing ist …

- [ ] a) eine Schrittfolge beim Hip-Hop.
- [ ] b) eine A-cappella-Kunst.
- [ ] c) ein Graffiti-Schriftzug.
- [ ] d) eine Trendsportart.

6. Ein wichtiger Bestandteil des Beatboxens ist …

- [ ] a) die aufrechte Körperhaltung.
- [ ] b) das passende Outfit.
- [ ] c) die ausgefeilte Atemtechnik.
- [ ] d) das richtige Schuhwerk.

Name:

Beatboxer Ömer im Bus

Billy erzählt Jenny am nächsten Tag in der Schule von Ömers Beatbox-Einlage im Bus. Leider vertut er sich dabei im Erzähltempus …

 **Lies dir Billys Erzählung aufmerksam durch und unterstreiche dabei alle Verben.**

Eine Stunde später stehe ich mit Ömer an der Bushaltestelle. Während ich gegen das Bushäuschen trete, beatboxt Ömer, was das Zeug hält. Er macht das echt klasse. Trotzdem schaut uns die Tussi, die neben ihm steht, vorwurfsvoll an. Als der Bus endlich kommt, ist Ömer natürlich der Erste, der einen Platz findet. Ich lasse mir Zeit – mit dem Ergebnis, dass nur noch ein Sitzplatz übrig ist. Weil ich nicht 20 Minuten stehen will, muss ich mich zwischen diese Tussi und den Kerl neben ihr quetschen. Kaum sitze ich, nestelt die Frau eine Zeitschrift hervor und hält sie mir so unter die Nase, dass ich gar nicht anders kann, als mitzulesen. Nun beginnt der Typ neben mir auch noch zu husten. Er steigert sich in einen absolut korrekten Rhythmus. Und plötzlich dringen von Ömers Platz her Geräusche – Beatbox-Geräusche. Das ist richtig coole Musik, die er da macht. Finde ich. Die anderen im Bus finden das nicht. Sie regen sich furchtbar auf: „Respektlos!“ – „Unverschämtheit!“ – „Jugend von heute!“

 **Ersetze nun alle Präsensformen durch das Präteritum und schreibe den gesamten Text in dein Heft.**

Name:

„So fängt der Tag ja richtig gut an!“

Billy wacht morgens um sechs Uhr auf und hat einen furchtbaren Albtraum hinter sich. Er denkt: „So fängt der Tag ja richtig gut an!“ Das mag man für eine seltsame Art von Humor halten – genauer gesagt ist es aber ein rhetorisches Mittel, das sich „Ironie“ nennt.

Der Begriff „Ironie“ stammt aus dem Griechischen und bedeutet „Verstellung/ Vortäuschung“.

Setze die fehlenden Wörter in die Lücken ein und du erfährst, was Ironie genau ist.

Bemerkungen | Unterschied | Bedeutung | Gegenteil | verhüllter | Zusammenhang

Charakteristisch für die Ironie ist der ____________________ zwischen wörtlicher und wirklicher ____________________. Sie wird oftmals als ____________________ Spott bezeichnet. Ironie ist deshalb auch nur aus dem ____________________ zu verstehen. Im Alltag sind ironische ____________________ häufig. Meist wird dabei genau das ____________________ von dem gesagt, was eigentlich gemeint ist.

Hier ein Beispiel:

- Das Kind bringt eine schlechte Note nach Hause und die Mutter sagt: „Das hast du ja toll hingekriegt!“

Überlege dir nach diesem Muster drei Situationen und entsprechende ironische Äußerungen dazu. Schreibe diese Beispiele in dein Heft.

Der Vater lässt einen teuren Porzellanteller auf den Boden fallen …

____

____

Inhalt

10. Kapitel
Wieder mal ein unrühmlicher Auftakt eines Tages: Billy hetzt zur Schule, weil er verschlafen hat – und stellt dann fest, dass der Unterricht erst eine Stunde später beginnt. Frustriert macht er sich auf den Weg zu Ömer, in der Hoffnung, dort ein leckeres Frühstück zu bekommen. Doch bei Ömer zu Hause herrscht gerade schlechte Stimmung, sodass sich die beiden Jungen schnell wieder verziehen. Auf dem Weg zurück zur Schule sagt Billy wieder Schiller-Reime auf und Ömer beatboxt dazu. Dabei lässt sich Billy aus Spaß in Ömers Arme sinken. Genau in diesem Moment biegt Jenny um die Ecke und sieht die beiden Freunde verwundert an.

11. Kapitel
Im Deutschunterricht führen Ömer und Billy die Schiller-Ballade inklusive Beatbox-Einlage vor. Lehrerin und Klassenkameraden sind begeistert. Nur Andrej scheint unbeeindruckt und kritzelt auf einem Stück Papier herum, was Billy sehr merkwürdig findet. Dennoch helfen Ömer und Billy ihrem Freund Andrej bei seinem Plan, sich endlich gegen ihren Klassenkameraden Kevin zur Wehr zu setzen, der Andrej oft verbal attackiert.

12. Kapitel
Billy, Ömer, Andrej und Jenny sind im Kino – aber leider sitzt Jenny neben Ömer. Billys Eifersucht erwacht aufs Neue. Vor lauter Nervosität isst er unentwegt Popcorn und bemerkt nicht, dass er sich auch die letzten harten Maiskörner in den Mund stopft. Als Billy diese unbemerkt wieder loswerden will, beugt sich Jenny zu ihm. Um sich vor Jenny nicht schon wieder zu blamieren, schluckt er die Maiskörner hinunter, die ihm dann wie Steine im Magen liegen. Der Wettbewerb geht Billy weiterhin nicht aus dem Kopf, aber ihm fällt immer noch nichts ein, womit er sich bewerben könnte.

Thematische Schwerpunkte

- Umgang mit Sprache: Vergleich
- Grammatik- und Rechtschreibtraining: Doppelkonsonanten, indirekte Rede, Adjektivbildung, Steigerung von Adjektiven
- Im Fokus: Schlagfertigkeit

Gesprächs- und Schreibanlässe

Zum 10. Kapitel
Überprüfung der Textkenntnis
- Warum hetzt Billy an diesem Morgen zur Schule? Warum mag er es nicht, wenn er zu spät kommt?
- Warum geht Billy zu Ömer? Was verspricht er sich davon?
- Was passiert, als Billy das „Dolchgedicht" noch einmal aufsagt? Wie reagiert Jenny?

Weiterführende Fragen
- Wie sieht dein „Notfallprogramm" aus, wenn du verschlafen hast?
- Ist es dir auch schon einmal passiert, dass du mit einem Freund oder einer Freundin herumgealbert hast, ein Dritter dazukam und die Situation völlig missverstanden hat? Wie hat die Person reagiert? Wurde das Missverständnis aufgeklärt?

Zum 11. Kapitel
Überprüfung der Textkenntnis
- Womit sorgen Billy und Ömer für Begeisterung bei Frau Bauer? Wie reagiert Andrej auf den lustigen Vortrag der beiden?
- Welches Missgeschick passiert Billy auf dem Weg in die Pause?
- Was hat es mit dem Buch von Andrej auf sich? Welchen Plan schmieden die drei Jungen? Gelingt er?

Weiterführende Fragen
- Musstet ihr auch schon Gedichte auswendig lernen und in der Klasse vortragen? Was gefällt euch daran und was nicht? Könnt ihr euch in diesem Zusammenhang an ein lustiges Erlebnis erinnern, z. B. einen Versprecher?
- Wie reagierst du, wenn dich jemand mit Worten beleidigen oder provozieren will, wie Kevin es bei Andrej macht? Kannst du dich an eine ähnliche Situation erinnern? Wie hast du dich dabei gefühlt?

Zum 12. Kapitel
Überprüfung der Textkenntnis
- Was schürt im Kino Billys Eifersucht? Wie reagiert er darauf? Wie verhält sich Jenny?
- Was ist Billys Problem mit dem Popcorn? Wie kommt es dazu, dass er am Ende „Steine im Magen" hat?

Weiterführende Fragen
- Billy stopft sich vor lauter Nervosität Massen von Popcorn in den Mund. Was machst du, wenn du nervös bist? Gibt es gute „Geheimtipps", wie man mit Nervosität umgeht?

- Billy scheint manchmal nicht recht zu wissen, wie er Jenny seine Zuneigung zeigen soll, weil er sich nicht blamieren möchte. Ist seine Angst berechtigt? Hast du einen guten Ratschlag für ihn?
- Angenommen dein bester Freund bzw. deine beste Freundin ist in das gleiche Mädchen bzw. den gleichen Jungen verliebt wie du. Wie reagierst du? Und wie geht ihr beide mit der Situation um? Wie lässt sich eine gute Lösung finden?

Kreativ aktiv

Im Kino

Macht aus der Szene im Kino eure eigene Fotostory. Überlegt euch vorab, welche Handlungssequenzen ihr darstellen wollt, welche Requisiten ihr dazu braucht etc. Anschließend entwickelt ihr die Fotos, klebt sie auf ein großes Plakat und vervollständigt eure Fotostory mit Textkästen sowie Sprech- und Denkblasen. Auch in digitaler Form kann dieser Arbeitsschritt erfolgen, indem ihr eure Story beispielsweise als Powerpoint-Präsentation umsetzt. Im Idealfall steht euch ein Beamer zur Verfügung, mit dem ihr die fertige Fotostory euren Mitschülern zeigen könnt.

Sei schlagfertig!

Andrej weiß jetzt, wie man sich gegen dumme Sprüche wehrt. Könnt ihr das auch? Überlegt euch in kleinen Gruppen ähnliche Szenen und zeigt, wie schlagfertig ihr seid, indem ihr sie euren Mitschülern vorspielt. Als Vorbereitung auf diese szenische Darstellung kann das Arbeitsblatt „Danke, dass du dich vorgestellt hast!“ von Seite 43 hilfreich sein.

Zu den Kopiervorlagen

KV Seite 39

Zu blöd für alles?!

Diese Kopiervorlage dient der Textsicherung. Anhand des Tests können die Schüler ihr Lektürewissen auf spielerische Art überprüfen. Schwächere Schüler können das Buch als Hilfestellung verwenden.

Lösung

	richtig	falsch
Billy hetzt zur Schule, weil er verschlafen hat. Er hasst es, wenn er zu spät ins Klassenzimmer kommt und ihn alle anschauen.	☒ P	☐ T
Er reißt die Tür zum Klassenzimmer so schwungvoll auf, dass er sich die Klinke in die Seite rammt und einen blauen Fleck bekommt.	☐ A	☒ I
Der Unterricht fällt aus. Billy hat noch nicht gefrühstückt. Deshalb geht er zurück nach Hause und hofft, dass dort ein leckeres Frühstücksbrötchen auf ihn wartet.	☐ S	☒ R
Als Billy bei Ömer läutet, merkt er, dass dort Großkampfstimmung angesagt ist. Ömer fordert ihn deshalb dazu auf, ganz schnell gemeinsam abzuhauen.	☒ A	☐ O
Beim Aufsagen des „Dolchgedichts“ lässt sich Billy in Ömers Arme sinken. Genau in diesem Moment biegt Jenny um die Ecke und sieht die beiden.	☒ T	☐ D
Jennys Auge ist wieder vollkommen in Ordnung. Ömer sagt deshalb zu Jenny: „Mit Augenklappe warst du hübsch – aber jetzt bist du noch hübscher!“	☐ O	☒ I
Ömers „Geschleime“ bei Jenny macht Billy eifersüchtig. Deshalb setzt er noch einen drauf und macht ihr ebenfalls ein tolles Kompliment.	☐ B	☒ N

Lösungswort: PIRATIN

Wie Steine im Magen

Diese Kopiervorlage widmet sich dem Stilmittel des Vergleichs. Zunächst sollen die Schüler Beispiele hierzu aus der Lektüre suchen. Im Anschluss daran können sie kreativ arbeiten, indem sie Textstellen aus der Lektüre mit Vergleichen anschaulicher gestalten. Auf diese Weise wird ihnen die Wirkung des Stilmittels deutlich vor Augen geführt.

Lösung
S. 24: Wie ein blöder Esel
S. 39: wie ein kleines Kind
S. 46: wie ein Verräter
S. 76: wie ein hilfloser Zwerg
S. 77: als wolle er dem Buch den Todesstoß versetzen

Beispiele:
Ömer und ich schlagen uns in die Büsche wie zwei Geheimagenten.
Andrej walzt also los in Richtung Kevin wie ein Zug, der nicht mehr aufzuhalten ist.
Wie erwartet, verzieht sich Kevins Gesicht zu einer angeekelten Grimasse, als ob ihm gerade Miss Piggy einen Schmatz auf die Backe gedrückt hätte.

Toller Auftritt!

Mit dieser Kopiervorlage kann der richtige Gebrauch der Doppelkonsonanten geübt werden, der Schülern oftmals Probleme bereitet. Hierbei kann vorbereitend auch darauf eingegangen werden, dass Vokale vor Doppelkonsonanten immer kurz ausgesprochen werden, was für die Schüler in der Regel eine gute Hilfe ist. Auch Besonderheiten und Ausnahmen können dabei zur Sprache kommen (z. B. „unauffällig“: der erste Doppelkonsonant entsteht durch die Vorsilbe „auf“). Zur Differenzierung dient die kreative Schreibaufgabe: Schnellere Schüler sollen mit den in der Übung behandelten Wörtern eine Geschichte erfinden. Das eignet sich aber auch gut als Hausaufgabe oder für einen Wettbewerb: Wer aus der Klasse schreibt die witzigste/kürzeste/fantasievollste Geschichte?

Lösung
bestimmt, Grimasse, unauffällig, dümmlich, Burgerfresser, Fassung, Kaugummi, geschlossen, kassieren, verbissen, bekommen, Innereien, Auftritt, rammen, Stelle, verdammt

Beispiele:
Du hast dir doch ganz bestimmt irgendetwas dabei gedacht, oder?
Ich mag Schauspieler, die tolle Grimassen schneiden können.
Möglichst unauffällig machte ich mich aus dem Staub.
Weil er auf die Frage der Lehrerin nichts antworten konnte, grinste er nur dümmlich.
Ich esse gerne Hamburger, deshalb nennt mich meine Freundin immer „Burgerfresser“.
Dieses Ereignis brachte ihn völlig aus der Fassung.
Das Kauen von Kaugummi hilft beim Denken.
Wenn wir uns nicht ein bisschen beeilen, haben die Geschäfte schon geschlossen.
Kurz vor der Halbzeit kassierte der FC den dritten Gegentreffer.
Er will nicht durchfallen, deshalb lernt er jeden Tag so verbissen.
Im Zeugnis bekomme ich eine Drei in Deutsch.
Manche Innereien von Tieren kann man essen – das finde ich aber ekelig!
Vor dem Auftritt hatte ich heftiges Lampenfieber.
Er rammte mir seinen Ellenbogen in die Seite, sodass ich hinfiel.
An deiner Stelle würde ich das nicht tun.
Weil der Sand so verdammt heiß war, habe ich mir die Füße verbrannt.

Jenny	getroffen	bestellt
wollen	schaffen	immer
alle	futtern	Anspannung
Massen	Fall	wissen

Nach dem Kino

Mithilfe dieser Kopiervorlage kann die indirekte Rede wiederholt und gefestigt werden. In leistungsschwächeren Klassen bietet es sich an, vorab einen Arbeitsschritt einzuschieben und alle Verben unterstreichen zu lassen.

Lösung
Jenny fragt Billy, wie es ihm gehe.
Billy antwortet, dass es ihm nicht so gut gehe, da er Bauchschmerzen habe.
Jenny rät ihm, eine Wärmflasche zu nehmen, da das Wunder wirke.
Billy fragt Jenny, woher sie das wisse.
Jenny antwortet, dass ihre Mama das immer sage.
Dann fragt sie Billy, wie ihm der Film gefallen habe.
Billy antwortet, er habe den Film echt spannend gefunden.
Dann fragt er Jenny, ob sie eigentlich auch etwas von dem Popcorn abbekommen habe.

Jenny antwortet, dass sie wieder einmal viel zu viel davon gegessen habe.
Billy gibt zu, dass es ihm genauso gehe, und er vermutet, dass er deshalb Bauchweh habe.
Jenny rät ihm, dass er dann lieber schnell ins Bett gehen solle.
Billy antwortet, dass er das jetzt auch machen werde, und wünscht Jenny eine gute Nacht.
Jenny wünscht Billy ebenfalls eine gute Nacht und sagt ihm, dass er etwas Schönes träumen solle.

KV Seite 43

„Danke, dass du dich vorgestellt hast!“

Diese Kopiervorlage greift das Thema „Schlagfertigkeit“ auf, das nicht zuletzt aufgrund immer wieder auftretender Gehässigkeiten in Schulen von großem Interesse sein dürfte. Zunächst lernen die Schüler einige Möglichkeiten kennen, sich verbal zu wehren. Anschließend können sie dieses Wissen gleich praktisch anwenden. Denkbar ist es auch, die auf der Kopiervorlage genannten Situationen szenisch darstellen zu lassen. Wenn das Thema „Schlagfertigkeit“ bei Ihren Schülern auf großes Interesse stößt, lässt es sich beispielsweise in Form von Referaten vertiefen, die noch weitere Techniken der Schlagfertigkeit vorstellen. Auch eine Öffnung zum Thema „Mobbing“ bietet sich an.

Mögliche Lösung

- Kontern durch Zustimmung: „Da könntest du recht haben.“ / „Gut beobachtet.“
- Kontern durch Übertreibung: „Stimmt. Meine drei Gehirnzellen sind damit total überfordert.“ / „Richtig, das bringt mich an die Grenzen meiner geistigen Leistungsfähigkeit.“
- Kontern durch Gegenfrage: „Findest du?“ / „Ist das nicht unser Schicksal als Menschen?“

Schilly-Billy ist der Beste

Anhand dieser Kopiervorlage kann die Bildung und Steigerung von Adjektiven wiederholt und gefestigt werden. In leistungsschwächeren Klassen bietet es sich an, nach der ersten Aufgabe einen Zwischenschritt einzubauen und die Steigerungsformen mit den vorgegebenen Adjektiven zu wiederholen, bevor die Schüler den Lückentext selbstständig ausfüllen.

Weiterführend kann eine Textstelle aus der Lektüre ausgewählt werden, die die Schüler mit Adjektiven ausschmücken sollen. Auf diese Weise wird ihnen die Wirkung anschaulichen Erzählens verdeutlicht. Denkbar ist aber auch die umgekehrte Vorgehensweise: Man lässt bei einer Textstelle mit besonders vielen Adjektiven diese entfallen, um zu zeigen, wie dadurch die Anschaulichkeit verloren geht.

Lösung

1. gemütlich
2. langsam
3. dümmlich
4. zackig
5. unauffällig
6. freundlich
7. heftig
8. ängstlich
9. lässig
10. höflich
11. lustig
12. peinlich

1. Billy ist hungriger als Ömer, weil er zu Hause kein Mittagessen bekommen hat.
2. Ömer ist größer als Billy und Andrej.
3. Andrej ist von den drei Jungen am dicksten.
4. Jenny ist für Billy hübscher als alle anderen Mädchen.
5. Billy hat die Schiller-Ballade am besten auswendig gelernt.
6. Andrej kann besser zeichnen als Billy.

Name:

Zu blöd für alles?!

In 10. Kapitel passieren Billy wieder allerlei Missgeschicke. Mit diesem Test kannst du überprüfen, ob du aufmerksam gelesen hast.

Beantworte die folgenden Fragen und kreuze die richtige Antwort an.

	richtig	falsch
Billy hetzt zur Schule, weil er verschlafen hat. Er hasst es, wenn er zu spät ins Klassenzimmer kommt und ihn alle anschauen.	☐ P	☐ T
Er reißt die Tür zum Klassenzimmer so schwungvoll auf, dass er sich die Klinke in die Seite rammt und einen blauen Fleck bekommt.	☐ A	☐ I
Der Unterricht fällt aus. Billy hat noch nicht gefrühstückt. Deshalb geht er zurück nach Hause und hofft, dass dort ein leckeres Frühstücksbrötchen auf ihn wartet.	☐ S	☐ R
Als Billy bei Ömer läutet, merkt er, dass dort Großkampfstimmung angesagt ist. Ömer fordert ihn deshalb dazu auf, ganz schnell gemeinsam abzuhauen.	☐ A	☐ O
Beim Aufsagen des „Dolchgedichts“ lässt sich Billy in Ömers Arme sinken. Genau in diesem Moment biegt Jenny um die Ecke und sieht die beiden.	☐ T	☐ D
Jennys Auge ist wieder vollkommen in Ordnung. Ömer sagt deshalb zu Jenny: „Mit Augenklappe warst du hübsch – aber jetzt bist du noch hübscher!“	☐ O	☐ I
Ömers „Geschleime“ bei Jenny macht Billy eifersüchtig. Deshalb setzt er noch einen drauf und macht ihr ebenfalls ein tolles Kompliment.	☐ B	☐ N

Lösungswort: ___ ___ ___ ___ ___ ___ ___

Name:

Wie Steine im Magen

Die Autorin Heidemarie Brosche verwendet in „Schilly-Billy Superstar“ häufig Vergleiche.

Der Vergleich ist ein sprachliches Mittel, durch das eine Erzählung anschaulicher und lebendiger wird. Dabei werden durch die Wörter „wie“ oder „als“ zwei Bildbereiche miteinander verknüpft.

Finde in der Lektüre fünf Beispiele für einen Vergleich. Die Seitenangaben helfen dir dabei.

S. 24: ______

S. 39: ______

S. 46: ______

S. 76: ______

S. 77: ______

______

Gestalte folgende Sätze aus der Lektüre (S. 79) anschaulicher, indem du Vergleiche einbaust.

Ömer und ich schlagen uns in die Büsche wie ______

______.

Andrej walzt also los in Richtung Kevin wie ______

______.

Wie erwartet, verzieht sich Kevins Gesicht zu einer angeekelten Grimasse, als ob

______.

Name:

Toller Auftritt!

Die folgenden Wörter aus dem Kapitel „Der Pausenplan“ enthalten doppelte Konsonanten. Kreise sie ein.

bestimmt	Grimasse	unauffällig	dümmlich	Burgerfresser	
Fassung	Kaugummi	geschlossen	kassieren	verbissen	
bekommen	Innereien	Auftritt	rammen	Stelle	verdammt

Bilde mit jedem dieser Wörter einen Satz und schreibe ihn in dein Heft.

Gehe nun das 12. Kapitel durch und suche dort weitere Wörter mit Doppelkonsonanten. Schreibe zwölf davon auf.

Jenny		

Schreibe eine kurze Geschichte in dein Heft, in der alle Wörter aus dem Kasten vorkommen.

Name:

Nach dem Kino

Am Abend nach der Kinovorstellung chatten Billy und Jenny noch einmal miteinander.

Lies dir ihren Chat-Dialog durch.

jennymaus1606: Wie geht's?
billy_the_hit: Nicht so gut. Habe Bauchschmerzen.
jennymaus1606: Nimm eine Wärmflasche – das wirkt Wunder.
billy_the_hit: Woher weißt du das?
jennymaus1606: Meine Mama sagt das immer. Wie hat dir der Film gefallen?
billy_the_hit: Ich fand ihn echt spannend. Hast du eigentlich auch etwas von dem Popcorn abbekommen?
jennymaus1606: Ich habe wieder einmal viel zu viel davon gegessen!
billy_the_hit: Geht mir genauso. Wahrscheinlich habe ich deshalb Bauchweh.
jennymaus1606: Dann geh lieber schnell ins Bett.
billy_the_hit: Ja, das mach ich jetzt auch. Gute Nacht, Jenny!
jennymaus1606: Gute Nacht und träum schön.

Setze die Sätze des Dialogs in die indirekte Rede und schreibe sie in dein Heft. So kannst du anfangen:

Jenny fragt Billy, wie es ihm gehe. Billy antwortet, dass es ihm …

Name:

„Danke, dass du dich vorgestellt hast!"

Andrej hat eine gute Methode gefunden, sich gegen die Beleidigungen seines Klassenkameraden Kevin zur Wehr zu setzen.

Als Schlagfertigkeit bezeichnet man die Kunst, auf unvorhergesehene Situationen schnell und witzig zu reagieren. Der Begriff entstammt ursprünglich dem militärischen Wortschatz und bezeichnete die sofortige Einsatzbereitschaft einer Armee.

Um sich gegen verbale Angriffe zu wehren, gibt es verschiedene Techniken, die man trainieren kann. Im Folgenden lernst du einige davon kennen.

Beispiel 1: „Mann, bist du fett geworden."

- Kontern durch Zustimmung: „Gute Augen."
- Kontern durch Übertreibung: „Stimmt. Ich steh im Guinnessbuch der Rekorde."
- Kontern durch Gegenfrage: „Ist das ein Problem für dich?"

Beispiel 2: „Dein Zimmer sieht aus wie ein Saustall!"

- Kontern durch Zustimmung: „Richtig erkannt."
- Kontern durch Übertreibung: „Genau – und bald kommt Greenpeace und rettet mich."
- Kontern durch Gegenfrage: „Wie genau definierst du ‚Saustall'?"

Das Ziel einer schlagfertigen Antwort ist es, seinen Gegenüber zu verblüffen, um dessen verbalen Angriff ins Leere laufen zu lassen.

Versuche nun, eigene schlagfertige Antworten zu finden.

„Du hast doch überhaupt keine Ahnung!"

- Kontern durch Zustimmung: ______________________
- Kontern durch Übertreibung: ______________________

  ____
- Kontern durch Gegenfrage: ______________________

Name:

Schilly-Billy ist der Beste

Die Autorin Heidemarie Brosche verwendet in „Schilly-Billy Superstar“ viele Adjektive, um die Geschichte lebendig und abwechslungsreich zu erzählen.

Bilde Adjektive, indem du die Endung -lich, -ig oder -sam ergänzt.

1. gemüt ______
2. lang ______
3. dümm ______
4. zack ______
5. unauffäll ______
6. freund ______
7. heft ______
8. ängst ______
9. läss ______
10. höf ______
11. lust ______
12. pein ______

Im Deutschen können die meisten Adjektive gesteigert werden. Diesen Vorgang nennt man „Komparation“.

Positiv: schön	Komparativ: schön<u>er</u>	Superlativ: <u>am</u> schön<u>sten</u>
(Grundform des Adjektivs)	(1. Steigerung)	(2. Steigerung)

Setze jeweils das passende Adjektiv in der richtigen Form ein.

dick | hungrig | gut | groß | hübsch | gut

1. Billy ist ______ als Ömer, weil er zu Hause kein Mittagessen bekommen hat.
2. Ömer ist ______ als Billy und Andrej.
3. Andrej ist von den drei Jungen ______.
4. Jenny ist für Billy ______ als alle anderen Mädchen.
5. Billy hat die Schiller-Ballade ______ auswendig gelernt.
6. Andrej kann ______ zeichnen als Billy.

Inhalt

13. Kapitel
Billy und Ömer erfreuen die Klasse erneut mit einer Schiller-Beatbox-Aufführung. Auch diesmal wirkt Andrej merkwürdig desinteressiert und zeichnet vor sich hin. Als Jenny seine Zeichnungen sieht, ist sie sehr überrascht. Doch ehe auch Billy sehen kann, was Andrej gemalt hat, betritt der Lehrer das Klassenzimmer und der Unterricht beginnt. Wenig später stört Andrejs Vater, der Hausmeisterhelfer an der Schule ist, den Unterricht und sorgt mit seinem schlechten Deutsch für große Erheiterung bei den Schülern – sehr zum Leidwesen von Andrej, dem das Ganze furchtbar peinlich ist.

14. Kapitel
Bei einem Referat über ihr Praktikum bei einem Friseur lässt eine Klassenkameradin von Billy eine Schere durch die Reihen gehen. Ömer spielt mit der Schere und schneidet Billy dabei aus Versehen ein Haarbüschel ab. Billy ist die Situation furchtbar peinlich, denn er fürchtet, völlig verunstaltet auszusehen. Außerdem wollte Billy sich die Haare eigentlich wachsen lassen. Als ihn dann auch noch seine Freunde im Stich lassen und schnellstmöglich in die Pause verschwinden, zweifelt Billy an ihrer Solidarität. Doch schon kurz darauf kommen sie zurück – mit einer Mütze, unter der Billy seine Haare verstecken kann. Billy ist versöhnt.

15. Kapitel
Billy erfährt endlich, was Andrej in den Unterrichtsstunden so eifrig gezeichnet hat – und ist erstaunt: lauter Szenen aus der „Bürgschaft", aber darüber hinaus auch Bilder, die zeigen, wie Billys neue Frisur entstanden ist! Da kommt Billy eine Idee: Gemeinsam mit seinen beiden Freunden möchte er am Talentwettbewerb teilnehmen. Nach kurzem Zögern stimmen Ömer und Andrej zu. Zusammen mit Jenny machen sich die drei Jungen daraufhin an die Vorbereitungen für ihren großen Auftritt und bewältigen auch technische Probleme.

Thematische Schwerpunkte

- Grammatiktraining: Nebensätze mit „weil", Singular- und Pluralformen, Kasus
- Sprachtraining: Vermutungen äußern, Meinungen begründen

Gesprächs- und Schreibanlässe

Zum 13. Kapitel
Überprüfung der Textkenntnis
- Warum wundert sich Billy über Andrejs Verhalten? Wie verhält sich Jenny Andrej gegenüber?
- Welche „Unterrichtsstörung" sorgt in der Stunde von Herrn Großmann für Gelächter unter den Schülern? Wie verhält sich Andrej in dieser Situation?

Weiterführende Fragen
- Wäre dir die Situation an Andrejs Stelle auch unangenehm? Gibt es Situationen, in denen du deine Eltern peinlich findest? Wie verhältst du dich dann?

Zum 14. Kapitel
Überprüfung der Textkenntnis
- Worüber hält Lisa ein Referat? Wieso lässt sie dabei eine Schere durch die Klasse gehen?
- Wie kommt es zu Billys „Unfall"? Was hat Ömer damit zu tun? Welche Rolle spielt Jenny dabei?
- Wie reagiert die Klasse auf den Vorfall? Wie reagiert Herr Großmann? Bekommt Ömer eine Strafe von ihm?
- Was bewirkt Ömers „Gewaltakt" bei Billy hinsichtlich der „Bürgschaft"-Reime?
- Wieso ist Billy von seinen Freunden enttäuscht? Behält er recht mit seiner Vermutung?

Weiterführende Fragen
- Wie würdest du reagieren, wenn dir etwas Ähnliches wie Billy passieren würde? Was wäre eine angemessene Entschädigung in so einer Situation?
- Ist es dir auch schon einmal passiert, dass du herumgealbert hast und daraus ein dummes Missgeschick entstanden ist? Wie hast du reagiert? Konntest du es wiedergutmachen?

Zum 15. Kapitel

Überprüfung der Textkenntnis

- Was macht Billy gleich nach der Schule?
- Wie sieht Ömers „Entschädigung“ für Billy aus?
- Wie reagiert Billy auf Andrejs Zeichnungen? Welche Idee kommt ihm dadurch? Wie reagieren Andrej und Ömer auf Billys Vorschlag?
- Welche Vorbereitungen treffen die Freunde für den Wettbewerb? Wie laufen die Proben?
- Warum hätte Billy gern verhindert, dass Jenny in sein Zimmer kommt?
- Was findet Billy in seinem Zimmer? Wofür ist dieses Gerät wichtig?
- Welche guten Ideen haben die vier, um ihren Auftritt zu perfektionieren?

Weiterführende Fragen

- Hast du auch Freunde, die eine außergewöhnliche Fähigkeit haben? Konnten sie ihr Talent schon einmal öffentlich unter Beweis stellen?
- Jenny folgt Billy in sein Zimmer, das aber leider völlig unaufgeräumt ist. Wie würdest du an seiner Stelle versuchen, diese peinliche Situation zu retten?
- Wie würdest du dich auf die Teilnahme an so einem Talentwettbewerb vorbereiten? Würdest du lieber allein auf der Bühne stehen oder mit anderen?

Kreativ aktiv

Mein Traumjob

Lisa hält in der Klasse ein Referat über ihr Praktikum bei einem Friseur und ihr Lehrer fordert dabei „Veranschaulichung“. Was willst du später einmal werden? Gestalte ein Wandplakat, mit dem du deinen Mitschülern deinen Traumjob möglichst anschaulich vorstellst.

„Was wolltest du mit der Schere, sprich!“

Billys Haare fallen Ömers Scherenattacke zum Opfer. Stelle diese Szene bildlich dar: Ob als Collage, Comic, Fotoaufnahme oder in anderer Form, bleibt dabei deiner Kreativität überlassen.

Zu den Kopiervorlagen

Was willst du mit der Schere?

Mit dieser Kopiervorlage können die Schüler testen, ob sie aufmerksam gelesen haben: Sie ordnen Zitate aus dem Text (Seite 97 – 104) der richtigen Figur zu und bringen sie in die passende Reihenfolge. Bei dieser anspruchsvolleren Form der Textsicherung kann es auch für stärkere Schüler hilfreich sein, im Buch nachzuschlagen.

Lösung

5	„Oh Mann, sieht echt scheiße aus.“	Ömer
2	„Hände weg oder ich krieg die Krise!“	Herr Großmann
7	„Chaben wir von meinem Vater bekommen – aus Fundkiste!“	Andrej
3	„Geh zum Friseur, lass dir einen coolen Haarschnitt verpassen und setz die Kosten dem da auf die Rechnung!“	Herr Großmann
1	„Scheiße, die blöde Schere schneidet zu gut!“	Ömer
4	„Ömer, du Schöner, soll ich so in die Pause gehen?“	Billy
6	„Damit keiner die üble Frisur sieht!“	Ömer
9	„Super!“	Friseur
8	„Das ist jetzt erst mal besser, als wenn ich dir die Haare verschneide.“	Jenny

Billys neuer Haarschnitt

Anhand dieser Kopiervorlage kann die Bildung von Kausalsätzen eingeübt werden. In der Umgangssprache werden diese oft falsch konstruiert, z. B.: „…, weil er ist schon groß.“

Das Formulieren solcher Nebensätze ist eine hilfreiche Vorübung für Stellungnahmen, für die es im Zusammenhang mit Lektüren zahlreiche Anlässe gibt, wie beispielsweise: Kannst du Billys Eifersucht nachvollziehen? Begründe deine Meinung.

Bei dieser relativ anspruchsvollen Aufgabe sollten die Schüler in jedem Fall mit dem Buch arbeiten, da die Begründungen nicht wörtlich im Text zu finden sind, sondern erschlossen werden müssen.

Mögliche Lösung

1. Lisa lässt bei ihrem Referat eine Schere durch die Klasse gehen, weil Herr Großmann Veranschaulichung fordert.
2. Billy dreht sich zu Jenny um, weil er denkt, dass sie ihn gerufen hat.
3. Ömer schneidet Billy versehentlich ein Haarbüschel ab, weil er aus Spaß die Luft in Teile schneidet.
4. Billy hat sich seit Monaten vor dem Friseurbesuch gedrückt, weil er sich die Haare wachsen lassen wollte.
5. Billy denkt, dass er fürchterlich aussieht, weil Herr Großmann einen Ton zwischen Mitleid und Entsetzen hervorstößt.
6. Billy weiß, dass Jenny nicht mitgelacht hat, weil sie sagt, dass sie aus der Katastrophe auf Billys Kopf wieder eine Frisur machen will.
7. Billy glaubt, dass Ömers Schuldgefühle groß sein müssen, weil er den Spitznamen „Ömer, du Schöner" auf sich sitzen lässt.
8. Ömer, Andrej und Jenny stürmen aus dem Klassenzimmer, weil sie eine Kopfbedeckung für Billy aus der Fundkiste holen wollen.
9. Billy lässt sich widerstandslos die Mütze über den Kopf stülpen, weil er sich über die Unterstützung seiner Freunde sehr freut.

KV Seite 50

Eine Idee wird geboren …

Dieser Lückentext kombiniert eine grammatische Übung mit einer Aufgabe zur Textsicherung. Wenn sich dabei herausstellt, dass es den Schülern schwerfällt, die richtigen Formen zu bilden, kann sich eine Unterrichtseinheit zu den Kasusformen anschließen.

Lösung

1. Der Friseur bringt mich in wenigen Sekunden (Plural) um die Geduldsarbeit von Monaten.
2. Nach dem letzten Bissen (Singular) frage ich Andrej, ob er seine Kritzelkunst dabeihat.
3. Auf dem einen Blatt sind lauter kleine Szenen (Plural) aus der „Bürgschaft" zu sehen.
4. Auf keinen Fall (Singular) will ich, dass sie abblocken.
5. Erst machen sie doofe Gesichter (Plural), aber dann stimmen sie zu.
6. Jenny sagt irgendetwas Nettes über meine Frisur und sitzt im nächsten Moment (Singular) neben Ömer.
7. Dafür sprüht schöner Ömer vor witzigen Ideen (Plural).
8. Schon haben Jenny und er die nächste Strophe (Singular) gedichtet.
9. Das Riesenbaby kann seine Figuren (Plural) nämlich nur im Kritzelformat zeichnen.
10. Einmal ertappe ich sie dabei, wie sie mich anstarrt und blitzschnell wegschaut, als sie meinen Blick (Singular) bemerkt.

KV Seite 51

Wie geht's weiter?

Da die Handlung am Ende des 15. Kapitels dem Höhepunkt entgegengeht, werden die Schüler mit dieser Kopiervorlage aufgefordert, ihre Vermutungen über den Ausgang der Lektüre zu äußern. Aus den gestellten Fragen werden sich möglicherweise noch weitergehende Spekulationen ergeben. Diese können dann im Klassenverband diskutiert werden, wobei die Schüler ihre Annahmen auch gegenüber ihren Mitschülern stichhaltig begründen sollten.

Name:

Was willst du mit der Schere?

Billys Haare fallen Ömers Scherenattacke zum Opfer – dabei wollte Billy sie doch wachsen lassen. Er ist zu Recht fassungslos.

Schreibe zu den folgenden Aussagen die Sprecher. Bringe sie dann in die richtige Reihenfolge.

	„Oh Mann, sieht echt scheiße aus."	
	„Hände weg oder ich krieg die Krise!"	
	„Chaben wir von meinem Vater bekommen – aus Fundkiste!"	
	„Geh zum Friseur, lass dir einen coolen Haarschnitt verpassen und setz die Kosten dem da auf die Rechnung!"	
1	„Scheiße, die blöde Schere schneidet zu gut!"	
	„Ömer, du Schöner, soll ich so in die Pause gehen?"	
	„Damit keiner die üble Frisur sieht!"	Ömer
	„Super!"	
	„Das ist jetzt erst mal besser, als wenn ich dir die Haare verschneide."	

Wie hättest du an Billys Stelle reagiert? Unterhalte dich mit einem deiner Mitschüler darüber.

Name:

Billys neuer Haarschnitt

Durch ein Missgeschick wird Billys Haarpracht zerstört. Erinnerst du dich noch, wie es dazu kommen konnte?

Ergänze die Sätze.

1. Lisa lässt bei ihrem Referat eine Schere durch die Klasse gehen, **weil** ______

2. Billy dreht sich zu Jenny um, **weil** ______

3. Ömer schneidet Billy versehentlich ein Haarbüschel ab, **weil** ______

4. Billy hat sich seit Monaten vor dem Friseurbesuch gedrückt, **weil** ______

5. Billy denkt, dass er fürchterlich aussieht, **weil** ______

6. Billy weiß, dass Jenny nicht mitgelacht hat, **weil** ______

7. Billy glaubt, dass Ömers Schuldgefühle groß sein müssen, **weil** ______

8. Ömer, Andrej und Jenny stürmen aus dem Klassenzimmer, **weil** ______

9. Billy lässt sich widerstandslos die Mütze über den Kopf stülpen, **weil** ______

Name:

Eine Idee wird geboren ...

Mit Billys unfreiwilligem Haarschnitt fing alles an – und im 15. Kapitel wird daraus eine großartige Idee, die Billy seinem Traum vom Superstar ein Stück näherbringt.

Setze die fehlenden Wörter in die Lücken ein. Achte dabei auf die richtige grammatische Form.

nächste/Moment	~~wenig/Sekunde~~	klein/Szene	mein/Blick	kein/Fall
letzte/Bissen	witzig/Idee	nächste/Strophe	sein/Figur	doof/Gesicht

1. Der Friseur bringt mich in wenigen Sekunden (Plural) um die Geduldsarbeit von Monaten.
2. Nach dem ______________________ (Singular) frage ich Andrej, ob er seine Kritzelkunst dabeihat.
3. Auf dem einen Blatt sind lauter ______________________ (Plural) aus der „Bürgschaft" zu sehen.
4. Auf ______________________ (Singular) will ich, dass sie abblocken.
5. Erst machen sie ______________________ (Plural), aber dann stimmen sie zu.
6. Jenny sagt irgendetwas Nettes über meine Frisur und sitzt im ______________________ (Singular) neben Ömer.
7. Dafür sprüht schöner Ömer vor ______________________ (Plural).
8. Schon haben Jenny und er die ______________________ (Singular) gedichtet.
9. Das Riesenbaby kann ______________________ (Plural) nämlich nur im Kritzelformat zeichnen.
10. Einmal ertappe ich sie dabei, wie sie mich anstarrt und blitzschnell wegschaut, als sie ______________________ (Singular) bemerkt.

Name:

Wie geht's weiter?

Am Ende des 15. Kapitels bereiten sich Billy und seine Freunde auf den großen Auftritt vor. Wie geht die Geschichte wohl weiter?

Kreuze deine Vermutungen an. Wenn du glaubst, dass eine Frage bis zum Ende des Romans nicht beantwortet wird, entscheide dich für „bleibt offen".

Werden sich Billy und seine Freunde wirklich trauen, am Schulwettbewerb teilzunehmen?

☐ ja ☐ nein ☐ bleibt offen

Wird Billy seinen Auftritt fehlerfrei hinbekommen?

☐ ja ☐ nein ☐ bleibt offen

Werden auch Andrej und Ömer ihre Sache gut machen?

☐ ja ☐ nein ☐ bleibt offen

Werden die drei den Wettbewerb gewinnen?

☐ ja ☐ nein ☐ bleibt offen

Werden sich Billys Eltern wieder versöhnen?

☐ ja ☐ nein ☐ bleibt offen

Wird Billy sein Handy zurückbekommen?

☐ ja ☐ nein ☐ bleibt offen

Wird aus Billy und Jenny ein Paar werden?

☐ ja ☐ nein ☐ bleibt offen

Werden Ömer und Andrej deshalb eifersüchtig auf Billy sein?

☐ ja ☐ nein ☐ bleibt offen

16. bis 18. Kapitel

Inhalt

16. Kapitel
Dank Jennys Vater können die vier Freunde ihre technische Ausstattung für den Auftritt beim Schulwettbewerb komplettieren. Bei Billy weicht die anfängliche Euphorie dem Lampenfieber, doch ihm ist klar, dass er die anderen nicht mit seiner Unsicherheit anstecken darf. Als Billy seiner Mutter das Gedicht aufsagt, ist sie begeistert.

17. Kapitel
Der große Moment ist gekommen: Billy und seine Freunde treten beim Schulwettbewerb an. Trotz anfänglicher Nervosität und eines kleinen Fehlers von Billy gewinnen sie den ersten Preis. Auch die Lehrer sind von dem Beitrag so begeistert, dass Rektor Eiche Billy sein Handy zurückgibt.

18. Kapitel
Abends nach dem Wettbewerb chattet Billy mit Jenny. Versehentlich schickt sie ihm dabei eine Nachricht, die eigentlich für ihre Freundin bestimmt ist. Daraus geht klar hervor, dass auch sie in Billy verliebt ist. Billy ist überglücklich.

Thematische Schwerpunkte

- Im Fokus: Lampenfieber, Streit
- Sprachtraining: treffende Verben finden
- Literarische Gattungen: Parodie
- Lesetraining: Texte entschlüsseln
- Buchkritik

Gesprächs- und Schreibanlässe

Zum 16. Kapitel
Überprüfung der Textkenntnis
- Warum beendet Billy die Probe für den Wettbewerb?
- Was gibt es vor dem Wettbewerb noch zu klären? Gelingt es den Freunden, die nötige Ausstattung für den Wettbewerb zu bekommen?
- Warum befällt Billy plötzlich Ernüchterung? Welche Gedanken schießen ihm durch den Kopf?
- Wie reagiert Billys Mutter auf seine neue Frisur?
- Warum ist Billys Mutter schlecht gelaunt? Was steckt in ihren Haaren? Warum?
- Wie gefällt Billys Mutter sein Gedicht?

Weiterführende Frage
- Sind deine Eltern auch oft genervt von der Arbeit? Erzählen sie dann von ihrem Ärger oder sprechen sie nicht gerne darüber?

Zum 17. Kapitel
Überprüfung der Textkenntnis
- Was träumt Billy in der Nacht vor dem Wettbewerb?
- Wie verläuft Billys Tag bis zum Auftritt?
- Welche Gedanken schießen Billy kurz vor seinem Auftritt durch den Kopf?
- Wie läuft der Wettbewerb ab?
- Wie verläuft der Auftritt von Billy und seinen Freunden? Läuft alles glatt? Oder machen sie Fehler?
- Was passiert nach ihrem Auftritt? Wie reagieren die Mitschüler und die Lehrer?

Weiterführende Fragen
- Wie würdest du dich vor einem solchen Auftritt fühlen? Wie würdest du versuchen, dich zu konzentrieren? Kannst du Billys Gedanken nachvollziehen?
- Kannst du dir vorstellen, dass dir deine Lehrer eine Strafe erlassen, wenn du eine besonders gute Leistung erbringst? Oder wären deine Lehrer konsequenter?

Zum 18. Kapitel
Überprüfung der Textkenntnis
- Worüber spricht Billy mit seiner Mutter am Abend nach dem Auftritt? Was erfährt er dabei?
- Was hat es mit dem Streit seiner Eltern auf sich? Was erzählt die Mutter darüber? Wie hängt das mit der seltsamen Nachricht seines Vaters zusammen?
- Was macht Billy, bevor er ins Bett geht? Warum? Was passiert dann?

Weiterführende Fragen

- Belastet es dich, wenn sich deine Eltern streiten, oder denkst du: Das ist ihre Sache?
- Ist es dir auch schon einmal passiert, dass du versehentlich eine Mail oder eine Chat-Nachricht an die falsche Person geschickt hast? Hatte dieses Versehen Folgen?
- Wie werden Billys Freunde wohl reagieren, wenn sie erfahren, dass er nun mit Jenny zusammen ist? Werden sie eifersüchtig sein? Ist das vielleicht sogar das Ende ihrer Freundschaft?
- Hat sich das „Happy End" schon vorher abgezeichnet oder kam es für dich überraschend?

Kreativ aktiv

„Schilly-Billy Superstar" auf der Bühne

Welche Szene aus dem Buch ist euch am besten im Kopf geblieben? Welche Stelle hat euch am meisten Spaß gemacht? Sucht euch eine solche Textstelle aus und spielt sie in kleinen Gruppen nach. Eure Mitschüler sind die Jury und bewerten eure Aufführung: Habt ihr die Szene sprachlich gut umgesetzt? Waren Mimik, Gestik und Körperhaltung überzeugend?

Pantomimenspiel

Jeder aus der Klasse überlegt sich eine Szene aus der Lektüre und versucht diese pantomimisch darzustellen. Die Mitschüler sollen erraten, was dargestellt wird. Derjenige, der die meisten Szenen erraten hat, ist Sieger.

Superstar gesucht!

Überlegt euch, welchen Wettbewerb ihr an eurer Schule ins Leben rufen könnt. Erstellt dazu ein überzeugendes Konzept: Worum soll es gehen? Wer darf mitmachen? Welche Preise gibt es zu gewinnen? Wie soll die Jury zusammengesetzt sein? Nach welchen Kriterien wird bewertet? Wo und wann soll der Wettbewerb stattfinden? Wie muss das Wettbewerbsplakat aussehen?

Der Talentwettbewerb

Billys Auftritt beim Schülerwettbewerb ist sicher eine der spannendsten Szenen im Buch. Doch ließe sich der Höhepunkt der Geschichte auch ganz anders erzählen? Mache daraus ein Märchen, eine Sciene-Fiction-Erzählung, ein Gedicht oder einen Zeitungsbericht. Lass deiner Fantasie dabei freien Lauf. Denke bei der Umsetzung an typische Merkmale der gewählten Form.

Zu den Kopiervorlagen

KV Seite 57

Billys großer Auftritt

Mit dieser Kopiervorlage überprüfen die Schüler, ob sie aufmerksam gelesen haben. Leseschwächere Kinder dürfen das Buch zur Unterstützung verwenden. Tragen Sie das zweite gesuchte Wort (AUFREGUNG) für alle ein, die mit der gekürzten Variante arbeiten.

Lösung

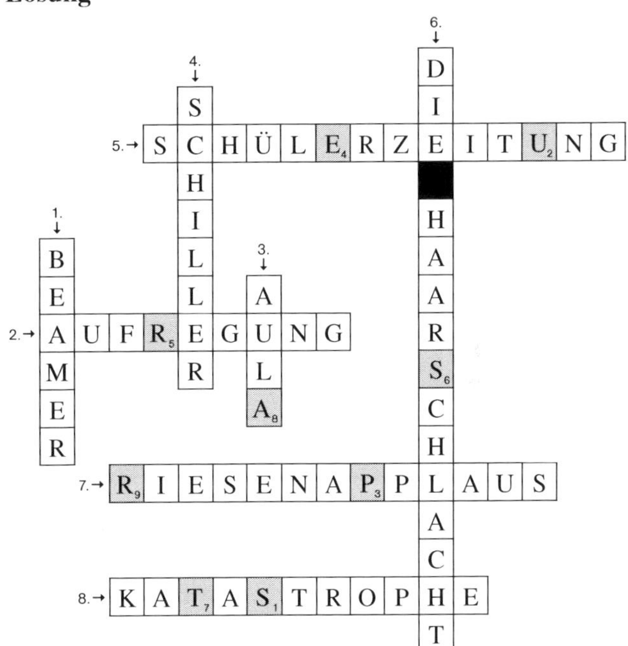

Lösungswort: SUPERSTAR

KV Seite 58

Billy hat Lampenfieber

Diese Kopiervorlage widmet sich dem Thema „Lampenfieber". Zunächst erfahren die Schüler, was man darunter genau versteht. Dann wird der Blick zurück auf die Lektüre gelenkt: Billys Lampenfieber soll anhand einer Gefühlskurve näher beleuchtet werden. Für eine einfachere Beschriftung der Kurve kann die Vorlage vergrößert kopiert werden.

Bei dieser anspruchsvollen Aufgabe ist es empfehlenswert, sich ausführlich mit der entsprechenden Textstelle (Seite 119–129) auseinanderzusetzen. Da nicht alle Gefühle von Billy eindeutig im Text benannt sind, sondern teilweise erschlossen werden müssen, sollte der Lehrer diesen Prozess durch Fragen unterstützen. Wie in der Musterlösung gezeigt, können einzelne Punkte der Gefühlskurve auch zwischen den Koordinaten der Zeitachse liegen (z. B.: „Billy redet sich selbst gut zu, vertraut auf sein Können. ➪ Gefühl der Sicherheit").

Zum Schluss kann ein Unterrichtsgespräch die Erfahrungen der Schüler im Umgang mit Lampenfieber aufgreifen.

Mögliche Lösung

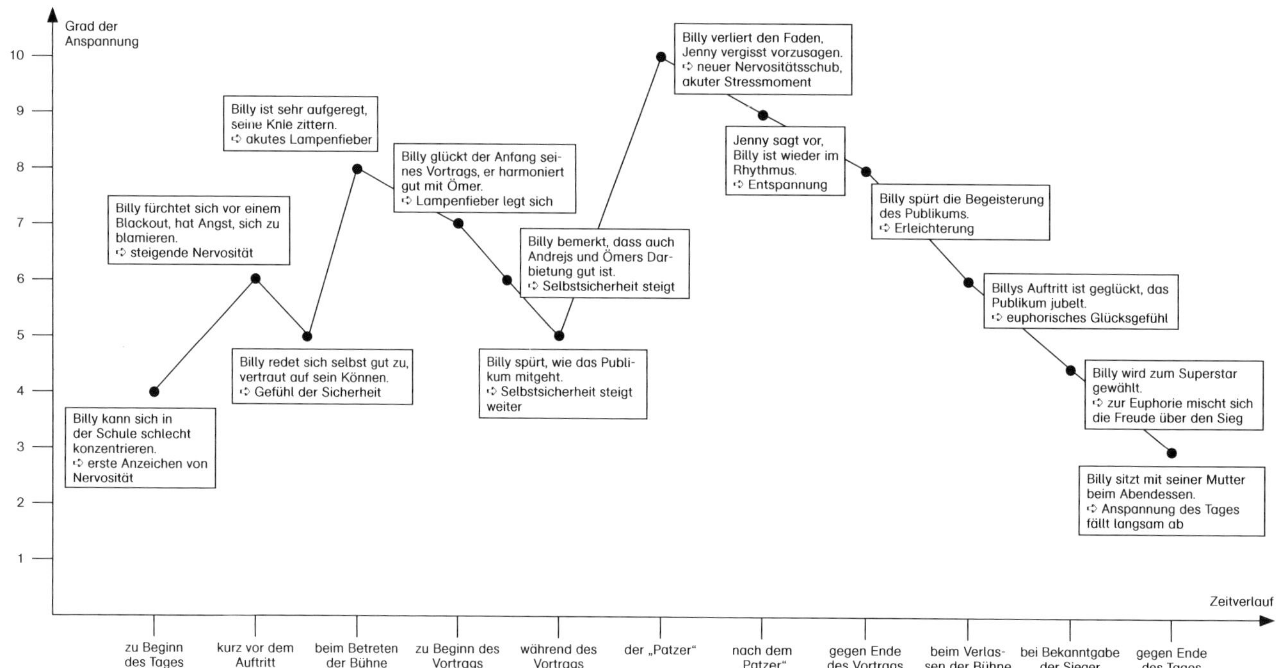

KV Seite 59

Vorbereitungen für den großen Tag

Diese Kopiervorlage kombiniert eine Sprachübung mit einer Aufgabe zur Textsicherung. Anhand von Texten, die sich an die Lektüre (Seite 114/115) anlehnen, sollen sich die Schüler für eines von drei zur Wahl gestellten Verben entscheiden, um den Satz korrekt zu vervollständigen. Damit auch die Wortbedeutung der übrig gebliebenen Verben aufgeschlüsselt wird, sind die Schüler aufgefordert, Beispielsätze damit zu bilden.

Lösung

1. Gegen 18 Uhr gibt Andrej ein Geräusch von sich, das Jenny, Ömer und mich **auffahren** lässt.
2. Ich schlage vor, dass wir **aufhören**.
3. Ohnehin muss die Sache mit Beamer und Laptop noch **geklärt** werden.
4. Trotzdem **überlässt** der liebe Papili seiner Jenny-Maus am Ende die kostbaren Geräte.
5. Aber sie muss **versprechen**, dass sie alles selbst bedient.
6. In Wirklichkeit **befällt** mich plötzlich Ernüchterung.
7. Wir wissen ja gar nicht, was die anderen **vorführen**.
8. Die Motivation der anderen darf auf keinen Fall einen Knacks **bekommen**.

Beispiele:

1. Die Frau wurde von einem Auto **überfahren**.
   Ich habe heute meine Prüfungsergebnisse **erfahren**.
2. Kannst du jetzt bitte mal **zuhören**?
   Da muss ich mich wohl **verhört** haben.
3. Als er den Brief las, bekam er einen **verklärten** Blick.
   Er **erklärt** ihr in Ruhe die Matheaufgabe.
4. Sie **verlässt** das Haus jeden Morgen um acht Uhr.
   Er **hinterlässt** ihr eine Nachricht an der Rezeption.
5. Sie möchte an der Schauspielschule **vorsprechen**.
   Wir **besprechen** das am Wochenende.
6. Die alte Kirche **verfällt** immer mehr.
   Ein heftiger Schüttelfrost **überfällt** mich.
7. Er wurde von der Polizei **abgeführt**.
   Der Täter wurde eindeutig **überführt**, eine schwere Straftat begangen zu haben.
8. Wenn wir am Flughafen **ankommen**, nehmen wir ein Taxi ins Hotel.
   Seine Wohnung ist völlig **verkommen**.

KV Seite 60/61

Billys Bürgschaft

Diese Kopiervorlagen widmen sich der Kunstform der Parodie. Zunächst erfahren die Schüler in einem Lückentext, was man genau darunter versteht. Da den Kindern Parodien aus Film und Fernsehen sicherlich bekannt sind, ihnen vermutlich aber bislang der entsprechende Fachbegriff dafür nicht bewusst war, ebenso wenig wie die Tatsache, dass diese Gattung bestimmten

Regeln folgt, kann in einem anschließenden Unterrichtsgespräch der Blick hierfür geschärft werden.

Auf der folgenden Kopiervorlage wird dann das theoretische Wissen in die Praxis umgesetzt. Zunächst sollen die Schüler anhand der ersten Strophe von Schillers „Bürgschaft" Gemeinsamkeiten und Unterschiede zwischen der Originalversion und Billys Fassung herausfinden. Als Vorbereitung kann hierzu eine Wiederholung bereits bekannter Aspekte der Gedichtanalyse hilfreich sein. In der nachfolgenden Kreativaufgabe sind die Schüler dann aufgefordert, eine eigene Version zu einer Schiller-Strophe zu verfassen.

Als Ergänzung zum Thema „Parodie" sind weitere Unterrichtseinheiten denkbar: Die Gattungen Comedy, Kabarett und Satire können als Referatsthemen aufgegriffen und bekannte Filmparodien (wie beispielsweise „Die Ritter der Kokosnuss" von Monty Python, eine Parodie auf die bekannte Artus-Sage) in der Klasse vorgestellt werden.

Lösung Seite 60

Eine Parodie ist die verzerrende, übertreibende oder verspottende Nachahmung eines bekannten Werkes oder einer prominenten Person. Dabei werden Teile der äußeren Form bzw. typische Verhaltensweisen beibehalten und mit nicht passenden Inhalten kombiniert. Durch die so entstehende Abweichung vom Original entsteht ein lustiger Effekt.

Lösung Seite 61

Zu Billy, dem Mann ohne Handy, schlich
Ömer, die Scher' in der Hande.
Er schnitt ihm die Haare am Rande.
„Was wolltest du mit der Schere, sprich!"
Entgegnet ihm Billy, der Wüterich.
„Dein Haar von der Schönheit befreien!"
„Das sollst du jetzt erst mal bereuen."

Beibehalten wurden das Reimschema, weitgehend das Versmaß, bestimmte Satzstrukturen (z. B. Relativ- und Imperativsatz) sowie das Element des Dialogs.
Grund: Das Originalwerk muss noch erkennbar bleiben, damit der gewünschte humoristische Effekt erzielt wird.

Beispiel:
„Ich bin", spricht Billy, „zu futtern bereit,
aber Blumenkohl ess' ich nie im Leben,
da muss ich mich gleich übergeben.
Börek dagegen, das find ich gescheit,
und hab's bisher noch niemals bereut.
Ich bitt' Ömers Mama um diese Gabe,
damit ich den Hunger ertrage."

DUschusudSu in den Nachrichten

Bei dieser Aufgabe wird das Leseverständnis geschult, indem ein Schlangentext entziffert wird. Aufgrund der vorzunehmenden Korrekturen eignet sich die Kopiervorlage gleichzeitig als Übung zu Rechtschreibung und Zeichensetzung.

Lösung

Einem Aufruf der Schülerzeitung folgten gestern Nachmittag zahlreiche Schüler der Ulmenschule und begaben sich in die dortige Aula. Hier fand der erste Wettbewerb statt, der sich der Suche nach dem Superstar der Schule verschrieben hatte. Den größten Applaus bekamen drei Schüler für ihren gemeinsamen Auftritt. Während Billy eine Ballade mit eigenen Reimen frei nach Schiller aufsagte, zeichnete Andrej mithilfe eines Beamers passende Comics an die Wand. Unterstützt wurden sie von Ömer, der zu den neuen Reimen beatboxte. Auch die Jury kürte diesen Beitrag am Schluss zur besten Darbietung. So konnten sich letztlich gleich drei Superstars über den Hauptgewinn freuen, der neben Kinofreikarten auch die Teilnahme am Stadtwettbewerb beinhaltet. Die talentierte Crew um „Schilly-Billy" wird die Ulmenschule dort sicherlich würdig vertreten.

Zoff bei Billys Eltern

Diese Kopiervorlage greift den Streit von Billys Eltern auf. Anhand eines Gitternetzrätsels beschäftigen sich die Schüler mit dem Wortfeld „Streiten". Anschließend kann über den Ausgang des Konflikts von Billys Eltern diskutiert werden. Denkbar ist es auch, das Thema zu vertiefen, indem man Regeln für Streitgespräche erörtert.

Lösung

W	N	X	S	I	V	E	R	S	Ö	H	N	U	N	G
E	G	W	P	P	W	T	Z	I	P	Ü	D	Ä	C	S
I	K	U	O	Z	U	H	E	V	A	D	S	G	M	B
N	W	T	Z	T	U	E	H	O	G	A	C	J	Ö	E
E	P	Ü	F	X	R	A	T	R	I	X	H	E	T	L
N	R	N	W	A	U	T	I	W	E	O	I	O	V	E
B	D	R	O	H	E	N	Ö	Ü	J	B	M	S	X	I
C	Y	A	H	S	G	U	J	R	Ä	S	P	Ä	L	D
E	B	Ü	K	R	H	S	O	F	B	V	F	R	V	I
G	Z	A	Z	V	E	R	Z	E	I	H	E	N	M	G
N	A	R	L	F	T	O	Ä	R	Y	L	N	R	L	U
I	R	S	Y	N	Ü	J	R	D	D	B	R	T	D	N
F	S	C	H	R	E	I	E	N	M	M	W	A	R	G
D	R	R	K	Y	Ö	N	R	R	L	R	E	D	A	S
A	G	A	E	N	T	T	Ä	U	S	C	H	U	N	G

KV Seite 64

Meine Buchbewertung

Zum Abschluss der Lektüre sind die Schüler mit dieser Kopiervorlage aufgefordert, ihre Meinung zur Lektüre zu äußern und zu begründen. Hilfreich kann es dabei sein, als Gedächtnisstütze noch einmal die ausgefüllte Kopiervorlage „Eine neue Lektüre" (Seite 13) zur Hand zu nehmen. In einem anschließenden Unterrichtsgespräch können die unterschiedlichen Schülermeinungen aufgegriffen und diskutiert werden.

Name:

Billys großer Auftritt

Hier kannst du testen, ob du die Kapitel 16 bis 18 genau gelesen hast.

1. Was steuert Jennys Vater zum Auftritt bei?
2. Warum haben Jenny, Ömer, Andrej und Billy vor dem Auftritt keinen Hunger?
3. Wo findet der Wettbewerb statt?
4. Von wem stammt das Gedicht, das Billy umgetextet hat?
5. Wer veranstaltet den Wettbewerb?
6. Wie lautet der (neue) Titel von Billys Gedicht?
7. Was bekommen die drei Jungen nach ihrem Auftritt?
8. Was passiert, als Billy während des Auftritts zu Jenny schaut?

Lösungswort:

1	2	3	4	5	6	7	8	9

Name:

Billy hat Lampenfieber

Kurz vor seinem großen Auftritt wird Billy ganz schön nervös. Ihm schießen unzählige Gedanken durch den Kopf. Ein einziges Gefühlschaos …

Als Lampenfieber bezeichnet man die Aufregung vor oder während eines wichtigen Ereignisses.

Lampenfieber ist eine spezielle Form von Stress und kann sich auf zweierlei Arten auswirken:

- Positive Wirkung:
  Der Geist ist klar und hellwach. Man ist besonders konzentriert.
- Negative Wirkung:
  Das Denken ist blockiert. Ein Blackout kann die Folge sein.

Zeichne und beschrifte Billys Gefühlskurve.

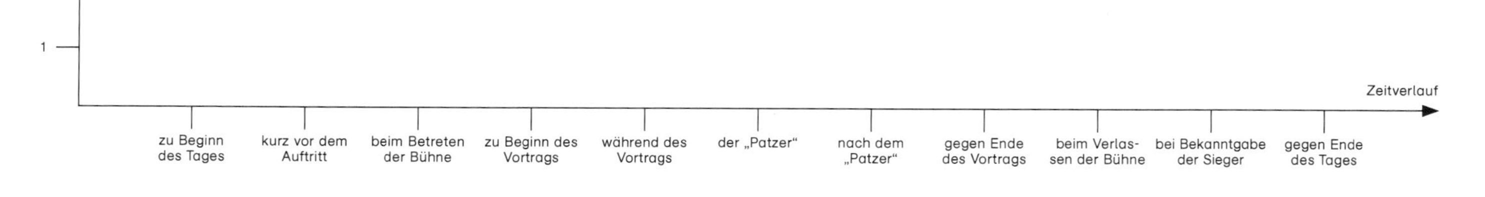

Was machst du, wenn du vor einer Prüfung nervös bist? Gibt es ein Patentrezept gegen Lampenfieber? Unterhalte dich mit einem Mitschüler darüber.

Name:

Vorbereitungen für den großen Tag

Langsam wird es ernst: Billys großer Auftritt steht kurz bevor! Doch zuerst müssen noch wichtige Vorbereitungen getroffen werden ...

 Schraffiere den jeweils passenden Begriff farbig.

1. Gegen 18 Uhr gibt Andrej ein Geräusch von sich, das Jenny, Ömer und mich [überfahren] [erfahren] [auffahren] lässt.

2. Ich schlage vor, dass wir [zuhören] [aufhören] [verhören].

3. Ohnehin muss die Sache mit Beamer und Laptop noch [verklärt] [geklärt] [erklärt] werden.

4. Trotzdem [verlässt] [hinterlässt] [überlässt] der liebe Papili seiner Jenny-Maus am Ende die kostbaren Geräte.

5. Aber sie muss [vorsprechen] [versprechen] [besprechen], dass sie alles selbst bedient.

6. In Wirklichkeit [verfällt] [befällt] [überfällt] mich plötzlich Ernüchterung.

7. Wir wissen ja gar nicht, was die anderen [abführen] [überführen] [vorführen].

8. Die Motivation der anderen darf auf keinen Fall einen Knacks [ankommen] [bekommen] [verkommen].

 Überlege dir zu acht nicht schraffierten Wörtern jeweils einen passenden Satz. Schreibe diese Sätze in dein Heft.

Name:

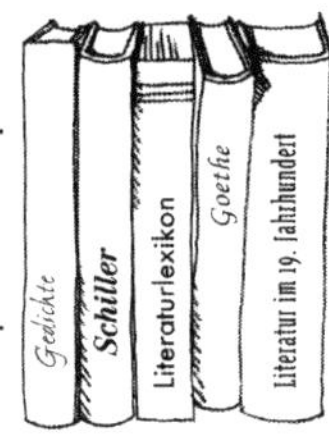

Billys Bürgschaft (1)

Mit ihrer witzigen Parodie auf die Schiller-Ballade „Die Bürgschaft“ gewinnen Billy und seine Freunde den 1. Preis beim Talentwettbewerb. Aber was genau ist eigentlich eine Parodie? Der Text verrät es dir.

Setze die fehlenden Begriffe in die Lücken ein.

Person	Parodie	Abweichung	Nachahmung	Inhalten
Werkes	Verhaltensweisen	Form	lustiger	

Eine ________________ ist die verzerrende, übertreibende oder verspottende ________________ eines bekannten ________________ oder einer prominenten ________________. Dabei werden Teile der äußeren ________________ bzw. typische ________________ beibehalten und mit nicht passenden ________________ kombiniert. Durch die so entstehende ________________ vom Original entsteht ein ________________ Effekt.

Kennst du Parodien aus dem Kino oder aus dem Fernsehen? Schreibe die Titel auf.

____

____

Was genau ist witzig an den Parodien, die ihr kennt? Unterhaltet euch in der Klasse darüber.

Name:

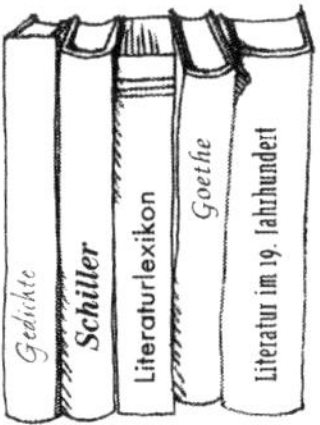

Billys Bürgschaft (2)

Unterstreiche die Stellen, an denen Billys Version der ersten Strophe von Schillers Originalfassung abweicht.

Zu Dionys, dem Tyrannen, schlich
Damon, den Dolch im Gewande;
Ihn schlugen die Häscher in Bande,
„Was wolltest du mit dem Dolche, sprich!"
Entgegnet ihm finster der Wüterich.
„Die Stadt vom Tyrannen befreien!"
„Das sollst du am Kreuze bereuen."

Zu Billy, dem Mann ohne Handy, schlich
Ömer, die Scher' in der Hande.
Er schnitt ihm die Haare am Rande.
„Was wolltest du mit der Schere, sprich!"
Entgegnet ihm Billy, der Wüterich.
„Dein Haar von der Schönheit befreien!"
„Das sollst du jetzt erst mal bereuen."

Überlegt gemeinsam, welche Textelemente Billy beibehalten hat – und warum.

Versuche dich nun selbst an einer Parodie der „Bürgschaft", indem du beliebig viele Wörter der zweiten Strophe ersetzt. Achte dabei aber auf das Reimschema. Schreibe den Text in dein Heft.

	Reimschema
„Ich bin", spricht jener, „zu sterben bereit	a
Und bitte nicht um mein Leben,	b
Doch willst du Gnade mir geben,	b
Ich flehe dich um drei Tage Zeit,	a
Bis ich die Schwester dem Gatten gefreit,	a
Ich lasse den Freund dir als Bürgen,	c
Ihn magst du, entrinn ich, erwürgen."	c

Name:

DUschusudSu in den Nachrichten

Ein Reporter der Stadtzeitung war beim Wettbewerb der Ulmenschule vor Ort. Per E-Mail hat er seinen Bericht an die Redaktion geschickt. Aufgrund eines technischen Fehlers ist sein Text jedoch nicht richtig angekommen.

Trenne zuerst alle Wörter durch senkrechte Striche. Schreibe dann den Text in dein Heft. Achte dabei auf die Groß- und Kleinschreibung sowie auf die Satzzeichen.

Von: Peter.Schreiber@stadtzeitung.de
An: Redaktion@stadtzeitung.de
Betreff: DUschusudSu

einemaufrufderschülerzeitungfolgtengesternnachmittagzahlreicheschüler
derulmenschuleundbegabensichindiedortigeaulahierfanddererstewettbe
werbstattdersichdersuchenachdemsuperstarderschuleverschriebenhatte
dengrößtenapplausbekamendreischülerfürihrengemeinsamenauftrittwäh
rendbillyeineballademiteigenenreimenfreinachschilleraufsagtezeichne
teandrejmithilfeeinesbeamerspassendecomicsandiewandunterstütztwur
densievonömerderzudenneuenreimenbeatboxteauchdiejurykürtediesen
beitragamschlusszurbestendarbietungsokonntensichletztlichgleichdreisu
perstarsüberdenhauptgewinnfreuendernebenkinofreikartenauchdieteil
nahmeamstadtwettbewerbbeinhaltetdietalentiertecrewumschillybillywird
dieulmenschuledortsicherlichwürdigvertreten

Finde eine passende Überschrift für den Zeitungsartikel.

Name:

Zoff bei Billys Eltern

Jetzt weiß Billy endlich, was es mit der seltsamen Nachricht seines Vaters auf sich hat: Seine Eltern hatten einen heftigen Streit.

Im Gitternetz findest du waagerecht und senkrecht zehn Begriffe, die sich um das Thema „Streiten“ drehen. Kreise sie ein.

W	N	X	S	I	V	E	R	S	Ö	H	N	U	N	G
E	G	W	P	P	W	T	Z	I	P	Ü	D	Ä	C	S
I	K	U	O	Z	U	H	E	V	A	D	S	G	M	B
N	W	T	Z	T	U	E	H	O	G	A	C	J	Ö	E
E	P	Ü	F	X	R	A	T	R	I	X	H	E	T	L
N	R	N	W	A	U	T	I	W	E	O	I	O	V	E
B	D	R	O	H	E	N	Ö	Ü	J	B	M	S	X	I
C	Y	A	H	S	G	U	J	R	Ä	S	P	Ä	L	D
E	B	Ü	K	R	H	S	O	F	B	V	F	R	V	I
G	Z	A	Z	V	E	R	Z	E	I	H	E	N	M	G
N	A	R	L	F	T	O	Ä	R	Y	L	N	R	L	U
I	R	S	Y	N	Ü	J	R	D	D	B	R	T	D	N
F	S	C	H	R	E	I	E	N	M	M	W	A	R	G
D	R	R	K	Y	Ö	N	R	R	L	R	E	D	A	S
A	G	A	E	N	T	T	Ä	U	S	C	H	U	N	G

Ob sich Billys Eltern wohl wieder versöhnen werden? Diskutiert darüber in der Klasse.

Name:

Meine Buchbewertung

Jetzt ist deine Meinung zur Lektüre „Schilly-Billy Superstar" gefragt.

Erinnere dich an den Moment, als du das Buch zum ersten Mal in der Hand gehalten hast. Welche Erwartungen hattest du an die Lektüre? Notiere in Stichworten.

Sind deine Erwartungen erfüllt worden?

☐ voll und ganz ☐ teilweise ☐ überhaupt nicht

Mit welcher Figur der Erzählung konntest du dich am ehesten identifizieren? Begründe.

Wie fällt deine abschließende Buchbewertung aus? Begründe.

Mir hat an dem Buch besonders gefallen, dass

Mir hat nicht gefallen, dass

Welche Schulnote würdest du dem Buch geben? Note: